广东省普通高校创新团队项目（2020WCXTD032）

| 光明社科文库 |

# 中心城市物流园区
# 升级改造与发展研究

李艳娥　郝书池　江成城　麦　影　范　荟◎著

光明日报出版社

**图书在版编目（CIP）数据**

中心城市物流园区升级改造与发展研究 / 李艳娥等

著 . -- 北京：光明日报出版社，2022.5

ISBN 978 - 7 - 5194 - 6614 - 5

Ⅰ.①中… Ⅱ.①李… Ⅲ.①物流—工业园区—经济

发展—研究—中国 Ⅳ.①F259.22

中国版本图书馆 CIP 数据核字（2022）第 090489 号

## 中心城市物流园区升级改造与发展研究
**ZHONGXIN CHENGSHI WULIU YUANQU SHENGJI GAIZAO YU FAZHAN YANJIU**

著　　者：李艳娥　等

责任编辑：刘兴华　　　　　　　责任校对：周建云

封面设计：中联华文　　　　　　责任印制：曹　净

出版发行：光明日报出版社

地　　址：北京市西城区永安路 106 号，100050

电　　话：010 - 63169890（咨询），010 - 63131930（邮购）

传　　真：010 - 63131930

网　　址：http：//book. gmw. cn

E - mail：gmrbcbs@ gmw. cn

法律顾问：北京市兰台律师事务所龚柳方律师

印　　刷：三河市华东印刷有限公司

装　　订：三河市华东印刷有限公司

本书如有破损、缺页、装订错误，请与本社联系调换，电话：010 - 63131930

开　　本：170mm×240mm

字　　数：215 千字　　　　　　　印　　张：15

版　　次：2022 年 5 月第 1 版　　　印　　次：2022 年 5 月第 1 次印刷

书　　号：ISBN 978 - 7 - 5194 - 6614 - 5

定　　价：95.00 元

# 序

　　国家中心城市是在经济、政治、文化、社会等领域具有全国性重要影响并能代表本国参与国际竞争的主要城市，是一个国家综合实力最强、集聚辐射和带动能力最大的城市代表，是国家参与国际分工合作和竞争的代表，是国家或国家主要经济区域内经济活动组织和资源配置的中枢，是国家科技文化的创新中心，也是国家综合交通和信息网络的枢纽，起着配置国家资源、主导社会发展和连接国内外的重要作用。

　　国家中心城市的建设发展状况，不仅关乎城市自身地位的巩固和提升，而且关系着国家经济、社会发展大局，关系着国家的国际竞争力和国际地位。因此，为更好地实现资源配置、集聚辐射等功能，中心城市有必要建成"物畅其流"的现代化物流体系。

　　现代物流业是经济全球化和信息化发展的产物，其发展程度已成为衡量国家现代化程度及综合国力的重要指标之一。物流园区是现代物流业的重要平台，是物流网络的重要节点，也是物流现代化水平的集中体现。合理规划和科学运营物流园区对中心城市、甚至全国的物流业的健康发展具有重要的作用。对于物流园区的建设，我国政府高度重视。国务院、发改委、商务部等部门相继出台了《全国物流园区发展规划》（2013—2020年）、《全国流通节点城市布局规划（2015—2020年）》、《关于推进国内贸易流通现代化建设法制化营商环境的意见》（2015）、《关于深入实施"互联网+流通"行动计划的意见》（2016）、《关于推进电子商务与快递物流协同发展的意见》（2018）、《国家物流枢纽布局和建设规划》（2018）、

《关于开展 2018 年流通领域现代化供应链体系建设的通知》、《关于推动物流高质量发展促进形成强大国内市场的意见》（2019）、《国家物流枢纽网络建设实施方案（2021—2025 年）》等一系列政策。在国家振兴物流产业相关政策的引领下，各省市都在大力规划、建设物流园区，我国物流园区的数量迅速增长，规模迅速扩大。

大规模的物流园区建设在推进现代物流业发展的同时，其问题也不断呈现。例如部分物流园区存在规模较小、对其他产业支撑度不足、运营效率较低、信息化程度不高、盈利模式陈旧、利税贡献率低等问题。如何科学地规划、建设与运营物流园区，如何发展现代物流园区，如何利用现代先进信息技术提升物流园区服务水平，如何创新物流园区盈利模式等都是急需解决的问题。

本书由广东省科研创新团队，通过梳理国内外物流园区的发展历程、总结典型物流园区的发展状况，对国家和地方政府历年来对物流园区的发展政策进行梳理分析，以物流园区发展理论为指导，在对广州这个国家重要的中心城市的物流园区进行实地调研基础上，从广州物流园区升级改造与发展目标、发展方向、发展思路、发展模式等方面进行深入分析，并结合实际提出广州物流园区升级改造与发展的保障措施等。李艳娥教授是广州市政府决策咨询专家、广州城市职业学院校长，其带领团队的研究成果为政府有关部门、教育研究机构、物流园区的投资运营商与管理人员、物流企业管理人员等提供了理论和政策参考。

本书立足城市、立足产业、立足物流园区，务实创新，既有对理论的系统梳理，又有对制度政策的系统分析，还提供了经过实践研究的可行性的、具体的方案建议，也为中心城市物流园区建设提供了有价值的范本和参考，这对我国中心城市物流园区建设理论探究和实践探索都具有积极的现实意义。

2021 年 8 月于广州

# 前　言

21 世纪是一场争夺供应链的角力，全球供应链的竞争成为新的竞争焦点。随着国际分工不断深化和全球城市在世界范围内配置资源，现代物流与供应链体系将不断扩展和创造更大的价值。党的十九大首次把"现代供应链"写进报告，将现代供应链提升到了国家战略的高度，这是我国现代供应链发展的里程碑。我国物流业将全面迈入供应链体系创新与应用阶段，通过深度参与全球产业链、价值链竞争，全面提高我国在全球供应链体系中的话语权和地位。

中心城市通过地理和自然优势培育产业，带动区域经济发展成为区域经济的增长极，并通过增长极的极化和扩散效应，影响和带动周边地区经济的发展。完善的交通体系和良好的物流条件，使得物资流通速度快，物流成本低，从而加强中心城市与其他城市的合作和联系。因此，中心城市首先是物流中心城市。

当前，全球城市间竞争与合作的主线已日益深化为全球供应链之间的竞争与合作，随着国际分工不断深化和全球城市在世界范围内配置资源，现代物流与供应链体系将不断扩展和创造更大的价值。物流园区是现代物流与供应链体系的重要节点，中心城市物流园区的升级改造与发展将会进一步提升城市竞争力。

广州市作为中国重要的中心城市、国际商贸中心和枢纽型网络城市，应打造具有区域比较优势的物流枢纽，吸引产业要素、资源在城市聚集，走出一条供应链比较优势驱动下发展枢纽经济的新模式。物流枢纽经济的重要特征之一是放大服务功能，借此推动城市经济及产业快速的发展，吸引外向型生产制造、国际商贸物流产业的集聚发展，而物流园区是推动枢纽形成的重要因素。

作为拥有"千年商都"美誉的广州，自"广州市十三五"规划以来，以创新为抓手，不断优化产业结构，提升产业创新竞争力，并进一步优化商贸环境，力争成为国际贸易中心、国际航运中心、国内枢纽中心。研究团队对国内外重点物流园的相关政策和经验进行了总结分析，在对广州市重点物流园的深入调研基础上，采用科学规范的研究方法，定性分析与定量分析结合，通过严谨的推理和分析，提出符合广州市物流园区当前实际情况的对策建议，亦可供国内中心城市物流园区升级改造参考，因此，非常具有实际应用价值和现实意义。

本书受到广东省普通高校创新团队项目的资助。本书作者李艳娥、郝书池、江成城、麦影、范荟是创新团队骨干成员。在本书的写作过程中，笔者吸收了许多学者、专家、领导、研究人员、从业人员的思想，参考了他们的研究内容和经验分享，受益匪浅；在现场调研过程中，受到广州市政策研究室、广州市交通局等单位的大力支持，以及广州市嘉诚国际物流股份有限公司、广东南方物流集团有限公司、京东广州亚洲一号、白云机场国际1号货站等的帮助，在此一并表示衷心的感谢。

由于写作人员的理论素养有限，在写作过程中，难免存在许多不足之处，敬请广大读者能够予以谅解和批评指正。

著者

2021 年 8 月于广州

# 目 录
## CONTENTS

# 第一章

# 中心城市对物流园区升级改造与发展的新要求

中心城市是指在一定区域范围内人口相对集中、经济发达、交通便利、功能完善，在政治、经济、文化等方面具有较强的吸引能力、辐射能力和综合服务能力的大型、特大型或者超大型城市。其影响力可以覆盖区域内其他城市且能带动和组织周边区域经济发展、城镇体系建设、文化进步和社会事业繁荣。2010 年 2 月，我国首次提出建设"国家中心城市"，并在《全国城镇体系规划纲要（2010—2020 年）》中明确提出建设北京、天津、上海、广州、重庆五大国家中心城市；随后，在 2016 年 5 月、2016 年 12 月、2018 年 2 月，国务院和发改委又分别在《成渝城市群发展规划》《促进中部地区崛起"十三五"规划》和《关中平原城市群发展规划》中提出支持成都、武汉、郑州、西安建设国家中心城市。

## 第一节　中心城市的基本功能

中心城市中最具代表性意义的是国家中心城市。国家中心城市在国际地位和话语权、带动全国经济发展、引导全国城镇化发展、建设全国交通和信息网络中的枢纽、促进全国文化事业发展、推动体制改革和改善政务服务等方面处于领头羊地位，具备中心引导的地位作用。它们属于国家组织经济活动和配置资源的中枢，是国家综合交通和信息网络枢纽，是国家科教、文化、创新中心。一般而言，国家中心城市需发挥聚集功能、辐射功能、创新功能、龙头作用、窗口示范作用等五大功能。

## 一、聚集功能

国家中心城市可以利用其在资本、技术、人才、信息、基础设施、交通运输、社会治理、市场容量、文化活动以及制度建设等方面的优势，有效吸引周边地区的各行各业经济要素和经济活动的聚集，实现中心城市的科技创新加速、生产资源集约、内部规模优化、信息交流通畅。同时，通过多种渠道、多种方式，将物质、文化等要素实现由高发展地区向低发展地区辐射迁移，并结合不同城镇的实际情况择优分配。国家中心城市可以在用好集聚产生的各项资源上，打造好该城市增长点，使中心城市成为区域经济发展的增长极，拉动整个区域经济的发展。同时，使区域内其他地区在中心城市的引领和带动下，有所区别、有所侧重地进行差异化发展，从而推动百花齐放、千城千面的新型城镇化建设。

## 二、辐射功能

国家中心城市的聚集效应并不是聚集程度越高越好，随着中心城市的不断成长，由于原有的比较优势会逐渐丧失，包括大城市土地、劳动力等要素价格的上升和房价、教育等生活成本提高等，会导致出现聚集不经济的现象。与此同时，随着中心城市影响力的扩散和辐射作用的发挥，中心城市周边地区反而形成了新的比较优势，致使在中心城市丧失优势的人员、企业和经济部门会向周边中小城市和城镇转移，逐步形成新的次一级中心城市。众多城市功能全覆盖的中小城市不断发展壮大，逐渐在一定区域范围内形成"国家中心城市—区域性城市—中小城市—小城镇"等多层级功能的城市集群。如在我国具有代表性意义的以北京为核心的京津冀城市集群、以上海为核心的长三角城市集群、以广州、深圳为核心的珠三角城市集群、以武汉为核心的长江中游城市集群、以重庆、成都为核心的成渝城市集群等。在城市集群区域内，中心城市通过发挥辐射带动功能，以产业技术链和物流链为纽带，合理布局区域产业基地，整体提升区域发展水平。

### 三、创新功能

国家中心城市是国家经济发展的核心引擎，是地区、国家乃至全球层面的经济活动组织和资源配置的中枢，发挥着地区级、国家级或世界级的科技创新中心、商贸服务中心、金融和贸易战略平台、物流与供应链枢纽、综合交通和信息网络枢纽等职能，对国家经济发展起到核心引擎的作用。国家中心城市也是人口城镇化和就业的集中承载地，先进社会治理制度的创新地，具有国家影响力的社会事业组织机构驻地，发挥跨区域影响力的高等级公共服务中心的职能。资金、技术、人才、文化等各种生产要素的聚集为国家中心城市营造了新的环境，创新功能成为国际中心城市的重要功能。国家中心城市通过系统思维、超前意识和问题导向谋划推进改革，以经济体制改革为重点，使市场在资源配置中起决定性作用，更好地发挥了政府支持作用，进一步释放了市场活力。密切关注经济发展的环境、条件、规律和趋势，打造高水平的创新平台，扶持创新性龙头企业，推动产学研协同创新，不断开发和推广新技术、新工艺、新产品，勇于探索和尝试新模式、新制度、新机制，将先进的经营理念、生产与加工技术、政务服务模式和城市治理方式扩散到周边地区，不仅可以提高自身的竞争力，而且有利于巩固其在国家和区域中的核心地位。

### 四、龙头作用

国家中心城市凭借各种优势，吸引区域内的资源、资金、人才、信息、产业等生产要素向城市自身聚集，从而产生强大的规模聚集效益，提高城市经济效率，使其成为所属区域，乃至国家经济发展的龙头。国家中心城市，不仅需要关注自身的发展，还要在服务全区域、全国发展大局中肩负更大的作用，引领中国城市建设走出一条更高质量、更有效率、更有竞争力、更有话语权、更加公平、更加可持续的发展之路。国家中心城市作为龙头城市，在经济发展、科技进步、环境改善、生活方式、社会管理等各个方面的改变都要走在前面，对区域内其他城镇和国内城市产生引领带动效应。国家中心城市通过它的聚集功能和辐射功能，通过建立和发展区域性生产协作网络、资源共享网络，调节区域内的社会再生产系统，发挥区域调节功能促进区域经济协调发展，甚至对区域内其他城镇的发展实行有效地控制和引导，统筹运用经济杠杆和区域协调机制，加强区域经济的综合平衡。

## 五、窗口示范作用

国家中心城市是国家对外开放程度最高的城市，是对外交流的窗口。首先，国家中心城市是国家重要的文化名片，具有国家级的文化品牌价值和影响力，能代表一个国家在某一领域的历史文化地位和特色，具有国内领先的文化产业发展水平。其次，国家中心城市起着承担国际交往的窗口和战略平台作用，集聚有一定数量的国际人口和组织机构，是国际会展、论坛、节庆赛事的重要举办地，具有较大的国际地缘政治文化影响力。最后，国家中心城市通过代表国家进入国内外市场、参与国内外分工和世界经济循环，从而将国家和所属区域推向外界，是连接国内外两个市场、两种资源的纽带，是区域对外联系的桥梁。随着国家中心城市的发展，整个区域的对外开放领域和开放程度会进一步扩大，外向型经济的深度和广度会进一步提高，整个国家经济实力和国际竞争力也会不断增强。

# 第二节 现代物流促进中心城市功能实现

## 一、中心城市首先是物流中心城市

中心城市通过区位和资源优势培育产业，发展成为区域经济的增长极，并通过增长极的极化以及扩散、溢出效应，影响和带动周边地区经济的发展。完善的交通体系和良好的物流基础等设施条件，使得物资流通速度快，物流成本低，从而加强中心城市与其他城市的合作和联系。因此，中心城市首先是物流中心城市，物流中心城市的形成一般需要具备以下几个条件。

（一）理论条件

首先，物流中心城市必须是极化区域和中心地。布德维尔提出的"极化区域"理论认为城市与周边并不对称，城市扮演中心地或增长极，所能辐射到区域称为"极化区域"，城市与周围极化地域构成了商品流通的整体。克里斯塔勒指出组织生产与商品流通必须以城市为中心，并由多级市场区构成空间结构，而优越的空间结构会对产业发展产生巨大的吸引力。

其次，物流中心城市规划必须与经济发展规划相适应。物流中心城市的发展基础是专业化分工和协作，条块分割和市场封锁将会起制约作用。以经济发展规划为指引，结合资源禀赋、经济结构和地域结构、市场化程度，建设物流中心城市，有利于适应生产力发展。

另外，物流中心城市等级体系必须合理规划。经济区单元必须根据经济发展和物流经济实际发展，建立物流中心城市的合理体系，其体系必须层次清晰，职能明确。一级物流中心城市不宜过多，一级物流中心城市必须发挥其影响区域内物流业发展和其他物流中心城市的极核作用。

（二）经济条件

一方面是城市经济条件。物流中心城市需要为社会提供全方位的物流服务，是以供应链管理和系统优化思想为指导，将采购、运输、仓储、包装、加工、搬运、配送、信息处理等一系列物流活动有机结合的物流节点。快速发展的城市经济是物流中心城市形成的必要前提，特别是在地区经济差异明显的我国。优越的经济条件决定物流中心城市拥有较为广阔的经济腹地区域，具有大批量、高要求的物流需求的产生，为现代物流中心城市的发展提供良好的条件。

另一方面是区域经济条件。一般来说，区域经济的发展和城市经济发展一样，区域特色比较明显且有"极化地区"和"辐射区域"。而物流活动在融合和联系极化地区和腹地地区上起决定性作用，是推动区域经济发展最重要的引擎。所以，物流中心城市须是区域级或国家级的经济中心，具有较强的聚集与辐射功能，能够成为重要的物流枢纽，在全区域或全国范围内提供服务，为区域和国家经济的增长提供保障。

（三）城市条件

首先是基础设施。城市是区域经济的中心，各种经济要素高度集中于此，基础设施完善，物流设施和物流经济活动高度集中，集中趋势越来越明显，形成辐射功能强大的区域性、国际性物流中心城市，如中国深圳、上海，美国纽约、日本东京，以城市为中心产生若干物流圈，辐射周围物流活动。

其次是服务水平。物流业是综合性服务业，物流中心城市需要具备提供优质综合物流服务的能力，如仓储服务、运输及配送服务、保税物流服务、信息技术服务等，为城市物流的正常开展提供保证。

最后是物流系统。物流节点布局是城市物流系统的重要组成部分，物流效率的提升很大程度都依赖于物流节点功能的发挥和物流节点间的协同。然而，不同层次的物流节点在物流系统中所处的地位和功能不同，并且各节点间相互依存、相互影响，每个物流节点功能充分发挥，实现物流中心城市在全国和区域物流体系中的作用。

（四）区位条件

首先，城市属于或接近经济聚集区。物流中心城市必须与区域经济紧密结合。腹地经济是物流中心城市存在和发展的前提和基础，在地理位置上应接近经济聚集区，例如工农业产品集中和扩散的地区或商品网点附近地区，对经济集聚区的物流起吸收和疏散作用，以缩短运输距离、降低企业的物流成本。

其次，城市处于交通运输枢纽位置。运输和储存是物流系统的两大支柱，物流过程其他环节的活动，如包装、装卸搬运、物流信息处理等，都是围绕着运输和储存而进行的。作为物流系统两大支柱之一的运输，是物流过程各项业务活动的关键，在物流活动中具有举足轻重的作用。交通运输条件的便捷性和发达交通运输网络是物流中心城市建设的基础。根据国家中心城市的更高要求，物流中心城市须具有国家级的交通运输枢纽，充分利用其发达的交通运输网络和便捷的交通运输条件实现全国范围内的集聚和辐射作用。

最后，城市具有优越的地理位置。物流中心城市应具有良好的地理位置。城市能否发挥物流中心作用，地理位置有着重要影响。物流中心城市应尽量位于区域经济贸易和货物转运通道的关键位置，尤其是对外贸易的运输通道的要塞，才能使物流中心城市的物流经济发展真正发挥作用。

## 二、现代物流促进中心城市功能实现

中心城市是我国经济发展和未来经济不断增长的中心，根据中心地理论以及中心城市的基本功能可见，中心城市较其他城市具有较强的聚集、辐射作用、龙头带动作用，而这些作用的发挥需要城市在区位、经济、交通、物流等方面做出强大支撑，所以，物流行业的发展一般都集中在中心城市，以中心城市作为其物流枢纽。

中心城市功能实现需要强大的物流体系支撑，与此同时，现代物流又助推中心城市功能实现，建设一个科学合理的城市物流体系有利于物流业的快速发展，同时也带动了城市的政治、经济、文化等各项事业的发展，而且还对改善周围的环境有所帮助，最终对推动我国整体的经济建设具有非常重大的意义。

现代服务业既是一个跨产业、跨行业、跨部门的独立产业门类，又是一个渗入到其他国民经济行业部门之中的横向经济领域。在全球经济一体化及技术创新的推动下，现代物流已经成为具有服务性、社会性、公共性、综合性和高渗透性的综合性服务产业。随着市场环境、生产方式、经营理念、营销模式、信息技术等不断变化，中心城市的竞争模式已经由传统的商品竞争转变为商品和服务在内的"一揽子"竞争，种种趋势表明，中心城市对于现代物流服务的依赖性越来越高，高效率的现代物流业对于中心城市的功能实现具有显著的强化作用。

（一）现代物流增强企业竞争力，强化中心城市集散功能

企业是城市经济运行的主要载体，是城市综合实力的重要构成部分，也是城市竞争力的主要表现形式；因此，城市综合实力将随企业竞争力的增强而增强。现代物流业将通过增强企业竞争力而实现城市综合实力的提升，从而强化中心城市的集散功能。

首先，现代物流贯穿企业价值创造全过程。依照价值链的观点，物流不再是附属于生产活动的辅助流程，而是对企业价值活动具有支撑作用、贯穿企业整个价值增值过程、创造企业竞争优势的重要流程。沿着成本优势这个轴线，现代物流管理能够运用信息技术和供应链管理思想，通过优化库存管理方式、改善仓库管理流程、缩短采购提前期、优化物流配送线路、提高车辆利用率等手段提高资金利用率，从而提高生产率、降低总成本；沿着服务优势的这个轴线，现代物流能够通过优化物流网络布局、合理化库存分布、准确的市场预测和构建物流联盟等方式来增加快速反应能力，并通过流通加工等手段提供个性化的物流服务。

其次，现代物流注重企业间资源整合和优势互补。互联网、物联网、大数据等信息技术推动了供应链管理水平的提升，也促进企业的合纵联合

与企业间的优势互补，从而带动供应链整体物流服务质量的提升。随着产品多样化增加、产品生命周期变短、交货速度更快，市场需求的不确定性增加，这对企业的库存管理和物流应变能力提出了更高的要求。传统单打独干的物流运作模式已经满足不了市场竞争的需求了，因此催生了更加注重整体效率提升和多方协同的供应链思想。供应链管理的实施要求需要从供应链整体优化出发，各成员企业专注自身的优势业务和核心业务，把非核心业务通过外包的方式剥离出去；注重成员间在知识、技术、设备、资金、人员等资源方面的共享和整合，提升供应链的整体效率；加强成员企业间的信息共享、系统对接和流程兼容，减少供应链的内耗，从而降低供应链的总成本。

最后，现代物流服务提升企业客户服务质量。随着技术迁移速度的加快，技术壁垒进一步降低，不同企业的产品质量差异化减少；而供应市场的公开透明以及生产工艺的成熟，使生产成本已经压缩到了比较有限的空间，传统的"打价格战"的竞争手段往往容易让竞争对手模仿和跟随，最终会造成两败俱伤的局面；随着经济的发展和生活水平的提升，消费者对服务的关注度也提高了，服务已经成为企业的重要竞争武器，尤其是物流服务是消费者选择购买的关键因素。快速、安全、个性化、高效的物流服务也成为新的企业竞争力来源，且物流服务属于软实力，服务水平的提升需要多方的共同努力。它牵涉企业乃至供应链管理的方方面面，且不是一朝一夕就可以达到的，这种竞争优势一旦形成，持续性较好且不易模仿。

（二）现代物流降低区位间的运输成本，弱化空间距离的阻碍作用

首先，现代物流促进交通基础运输设施的完善，运输成本随之降低。完善的交通基础运输设施是发展现代物流的基本前提，便利的基础设施不仅可以缩短运输时间，也可以提升运输设备的周转率，是降低物流运输成本的重要手段。中心城市发展现代物流必将倒逼城市交通基础运输设施的进一步完善。具体表现为两方面。一方面，也会加快交通基础设施建设，完善交通运输基础设施网络。如积极加快铁路基础设施建设，建设铁路集

装箱信息网络；加快公路基础设施建设，建设公路货运服务网络，建设公路货运信息中心；靠近港口的中心城市，充分利用港口优势，加快港口物流基础设施建设；加快机场建设，为空运物流奠定基础；建设与铁路、公路、航空、海运主干线相配套，实现多种运输方式相衔接的布局合理化、管理现代化、服务社会化的物流节点，等等。另一方面，提高交通运输基础设施利用效率，协调各类运输设施的建设，充分发挥各种运输方式的优势，发展和完善中心城市和周边辐射区域间的集装箱运输、快递运输、区域配送、大宗物资运输和特种货物运输等货运系统，并且以信息化、网络化为基础，加快智能交通的发展。随着交通基础设施的完善和城市交通条件的改善，城市及其周边地区各区位的能达度和便利性得到提高，运输成本随之降低。

其次，利用第三方物流的规模效应，提升物流运输效率。随着个性化需求的增加、订单批量的减少以及订货批次的增加，传统的卖方物流和买方物流模式无论是在运输成本还是在服务水平上都难以满足企业发展的需求，越来越多的企业选择将物流业务外包给第三方物流。借助于业务外包思想出现的第三方物流企业是独立于卖方和买方的社会物流服务提供者，是现代物流发展水平的重要标志，其具有专业化、规模化和网络化优势，可以降低企业产品的运输成本。第三方物流的出现，一方面减少了生产和销售企业在物流运输设施设备和人员上的投入成本和维护成本，降低企业负担；另一方面提升了物流运输效率，新的市场环境下，少批量、多批次的交货模式对于大部分中小型企业来说运输成本都很高，而第三方物流企业可以聚集多家企业的物流需求，拥有强大的货物配载能力和议价能力，形成规模效应，从而降低物流运输成本；另外，第三方物流公司具有丰富的物流运作经验，物流市场信息更加灵通，在熟知卡车运量、国际清关文件、空运报价等重要信息的基础上能够制定出更加合理地、经济的运输方案；再者，第一方物流公司具备完善的物流运输网络和信息系统，能够有效实现货物的实时跟踪、单证传输和电子交易，能够实现与银行、海关以及供应链上下游企业的系统对接，从而优化运输流程，提高运输效率，降低运输成本。

（三）现代物流强化中心城市的区位优势，促进要素（企业）的优区位指向运动

在经济区空间内，由于区位因素的不同，从而造成了区位优势的差异性，一般情况下，中心城市是经济区内的最优区位点。受利益的驱动，众多企业往往会看到中心城市的区位优势选择进驻，利用其聚集功能带动资本、人口、资源的聚集。中心城市发展现代物流将会有效改善部分区位因素，进一步强化区位优势，进而增强中心城市的聚散功能。

首先，有助于降低交易成本，改善企业营商环境。传统的物流网络都是沿用企业的销售网络，效率低、成本高、交货不及时。而现代物流网络是第三方物流企业通过自建或者利用社会资源设置物流节点，并通过合理的运输路线规划形成，包括干线、支线以及终端配送网络，形成了物流网络体系，是一个结构稳定、高效运作的物流网络，各节点之间、各成员之间、各要素之间互通互联、资源共享、协作共赢。不仅可以减少流程环节间的转换和交易成本，减少网络资源和要素的使用成本，还可以通过提高物流网络利用率而提升物流网络收益。

其次，有利于企业间战略联盟关系的形成，创造良好的企业发展环境。生产经营企业和第三方物流企业是供应链上的合作伙伴，它们是一种优势互补的战略联盟关系，实现的是合作共赢而非零和博弈。第三方物流企业利用其专业化、规模化优势优化物流系统，从而实现供应链的整体最优和供应链总成本最低。生产企业可以通过外包非核心业务而更加专注自己的竞争优势，通过技术创新和改善工艺提供更加物美价廉的产品。尤其是物流园区的出现，给同一供应链上的多家物流企业在"空间上"的地理集中成为可能，更加有利于供应链系统的稳定性。

最后，有益于物流企业技术创新和知识共享，提高物流服务水平。作为物流产业集群空间组织的形式之一，物流园区在知识外部性机制和学习效应的作用下，将会促成技术自发、持续、快速的创新。一是隐含在专家、工程师和技术工人的大脑之中的经验类知识需要更加接近的地理位置

才有助于准确地传递与扩散，物流企业以及相关企业在物流园区的集聚，增加了相互交流和学习的机会，从而有利于提高创新速度。二是物流园区作为物流业与相关企业的聚集地，让创新思维、创新方法等方面的正式沟通和非正式沟通成为可能，有利于主体间各种知识经验的及时交流，从而促进利用这些知识的外部性积极创新。

## 第三节　规划引领中心城市物流园区发展

随着现代物流对促进中心城市发展的作用越来越显著，特别是聚集和整合功能。能促进要素的优区位指向运动、能有效降低物流成本的物流园区建设便成了现代物流推动中心城市发展的重要抓手。因此，各个中心城市都相继出台了各类中长期物流园区发展规划，以规划引领物流园区的发展。

### 一、北京

《北京市"十三五"时期物流业发展规划》中提出构建"物流基地+物流配送中心+末端配送网点"的城市物流节点网络。2020年12月的《北京物流专项规划》指出，将着力打造"大型综合物流园区（物流基地）+物流中心+配送中心+末端网点"的"3+1"城市物流节点网络体系，到2035年力争社会物流总费用占GDP比率要小于10%，城市流通领域标准化托盘使用率及规模以上连锁超市主要商品统一配送率要超过90%和95%，冷链流通率争取超过80%。在北京现有四个基地即顺义空港物流基地+天竺综合保税区、通州马驹桥物流基地、大兴京南物流基地、平谷马坊物流基地的基础上新增昌平和房山两个物流基地，严禁在三环路内新建和扩建物流仓储设施，只配置末端物流设施且尽量结合地下空间设置。

## 二、上海

《物流业发展中长期规划（2014—2020 年）》提出依托海空港枢纽、陆路交通门户，结合上海制造业和服务业布局，打造由五大重点物流园区（外高桥、深水港、浦东空港、西北、西南）、四类专业物流基地（制造业、农产品、快递、公路货运）为核心架构的"5+4"空间布局，进一步完善三级城市配送网络和重点区域物流配套服务，形成东西联动、辐射内外、层级合理、有机衔接的物流业协调互联空间新格局。"十四五"时期，上海将继续优化现代商贸流通体系，优化流通网络布局，合理规划商品集散中心和综合物流园区、公共配送中心；完善智慧物流基础设施建设，合理规划物流仓储布局、优化物流运输结构；加强标准化建设和绿色发展，建立托盘循环共用系统性平台；加强数据标准统一和资源线上对接，推广应用在线采购、车货匹配、云仓储等新业态、新模式、新场景。

## 三、天津

《天津市物流业空间布局规划（2019—2035 年）》提出要将天津建设成京津冀物流网络的战略核心、"一带一路"的北方物流桥头堡和我国物流创新示范高地以及具有全球影响力的国际物流枢纽和供应链资源配置节点。形成由"物流园区、物流中心、城乡配送点"构成的三级物流设施体系，其中物流园区包括国际性物流园区和区域性物流园区两类；物流中心包括专业化物流中心和园区配套型物流中心两类；城乡配送点要在中心城区外环线周边地区布局 6 个城市配送点，形成"一环七节点"的城市配送环。

## 四、重庆

《重庆市现代物流业发展"十三五"规划》提出，规划形成"两环五带"物流空间布局，着力构建以枢纽型物流园区为核心、以节点型物流园区为辅助、以配送型物流园区为补充的"3+12+N"市域物流园区网络体系。其中，3个枢纽型物流园区、12个节点型物流园区和N个配送型物流园区是重庆建设内陆国际物流枢纽的主要载体。随着物流设施空间布局逐步优化，全市已建成中心城区、万州、涪陵等3个核心港区，沙坪坝团结村、江津小南垭、两江新区鱼嘴等核心铁路物流枢，重庆国际物流枢纽园区、重庆果园港国家物流枢纽、重庆航空物流园、南彭物流基地、秀山武陵现代物流园等主要物流节点成为全市物流资源聚集的重要载体。城乡三级配送网络不断优化，区县级物流节点与乡镇配送站覆盖率达97%。

《重庆市物流业中长期发展规划（2021—2035年）》提出，以引领重庆在西部地区率先实现现代化核心使命为导向，围绕畅通生产、分配、流通、消防国民经济循环，支撑构建新发展格局，结合全市生产力布局和综合交通体系规划，构建形成"6+2+1"对外物流大通道，"一核一环一带两片区"市域物流总体格局，"五枢纽多节点"物流设施空间布局，培育16个物流枢纽经济区。

## 五、武汉

《武汉市物流业空间发展规划（2012—2020年）》提出，全市物流业空间布局"一港六园八中心""物流总部+综合物流园+专业物流中心+配送中心"的物流业发展体系架构。第一个层次为物流总部区。布局在主城二环线附近，结合两江四岸地区的总部职能，发展专业性物流管理中心，构建商流、信息流、资金流高效运转的物流组织、管理中枢，承担在全国物流网络节点中的枢纽功能。第二个层次为物流园区。沿外环线和大型对外交通枢纽布局，空间上形成"一港六园"。第三个层次为物流中心。以四环线、外环线为制造业园区联系纽带布局，共布局8个物流中心，分别为阳逻物流中心、古龙物流中心、东湖保税物流中心、北湖物流中心、金口物流中心、纱帽物流中心、常福物流中心、朱家湾物流中心，为产业基地工业企业提供一体化物流服务，促进工业发展。第四个层次为配送中心。

《武汉市国民经济和社会发展第十四个五年规划和2035年远景目标纲要》指出，要把武汉建设成为国家商贸物流中心，加快"三港两站"（三港：空港、水港、陆港；两站：汉阳站、天河站）和"五型"（港口型、陆港型、空港型、生产服务型、商贸服务型）国家物流枢纽承载城市建设，打造消费升级集聚地、国际消费承接地、线上消费结算地、投资目的地。坚持实施更大范围、更宽领域、更深层次对外开放，建设国际交往中心。

## 六、西安

《西安现代物流业发展规划（2018—2021年）》提出，要抓住国家中心城市建设的重大历史机遇，全面打造丝绸之路经济带国际物流枢纽城市，形成立足关中，带动全省，辐射周边，引领西北，支撑"一带一路"的核心物流战略支点之一。以助力"三个经济"发展为指引，立足建设国际物流枢纽城市的战略目标，围绕提升国际物流枢纽功能、增强区域集散中转效率、支撑城市产业经济发展等任务，打造由两大国际物流枢纽港（西安陆港、西安空港）、五大区域枢纽物流园（临潼、泾河新城、沣东新城、鄠邑秦渡、长安引镇）和11个物流中心（新丰、阎良、高陵、经开、秦汉、三桥、周至、高新、航天、灞桥、蓝田）为核心架构的"两港五园十一中心"骨干物流节点体系，强化物流产业集聚发展，促进物流业与现代农业、先进制造业、商贸流通业等相关产业融合联动发展，提升产业物流和消费物流服务效能。

### 七、郑州

《河南省物流业转型发展规划（2018—2020 年）》指出，郑州市围绕"打造大枢纽、发展大物流、培育大产业"，构建以郑州为中心、区域物流节点城市为支撑、城乡分拨配送网络为基础的"一中心、多节点、全覆盖"的现代物流空间布局体系。"一中心"即郑州现代国际物流中心，是现代物流业创新发展的先导区和示范区。"多节点"即区域物流节点城市。"全覆盖"即覆盖全省城乡的分拨配送物流网络，主要建设市县分拨配送中心和城乡末端设施网络。

《郑州十四五规划和 2035 年远景目标》提出，充分发挥"枢纽+物流+开放"比较优势，持续完善"一门户、两高地"开放体系，持续推动扩大内需、完善消费流通体系，着力打造国内大循环的重要枢纽、国内国际双循环的战略支点，推动形成全方位全要素、高能级高效率的双循环，在新发展格局中扩大郑州新优势。

## 第四节　中心城市对物流园区升级与发展的新要求

### 一、物流园区在中心城市中的定位

物流园区是随着社会分工细化、物流服务专业化、产业聚集化、供应链整合化等趋势下应运而生的，它具有存储保管、集中采购、集散转运、信息处理、流通加工、集装配载等功能。物流园区的发展，第一是实现了将社会物流资源，比如仓库、流通中心或者配送中心在特定区域内的聚集；第二是实现了存储、集散等物流功能的聚集，提高了物流效率；第三是实现物流基本服务和增值服务的聚集，如物业服务、银行服务、海关服务以及工商服务等。物流园区是社会物流资源聚集和社会物流服务提供的主要基地，它规模大、功能全、水平高、辐射范围广，从宏观上来看，中心城市建设"物流园区"要适应城市发展规划，要在城市发展规划总体框架下进行合理的布局，通过物流活动的聚集实现降低社会物流成本、提高物流服务专业化水平的目标，最终实现通过优化社会物流资源、提高企业及社会效益来推动社会物流发展水平稳步提升。此外，物流园区也可以成为城市应急物资储备的重要基地和城市应急物流网络的关键节点。（物流园区在中心城市的定位如图1-1所示）

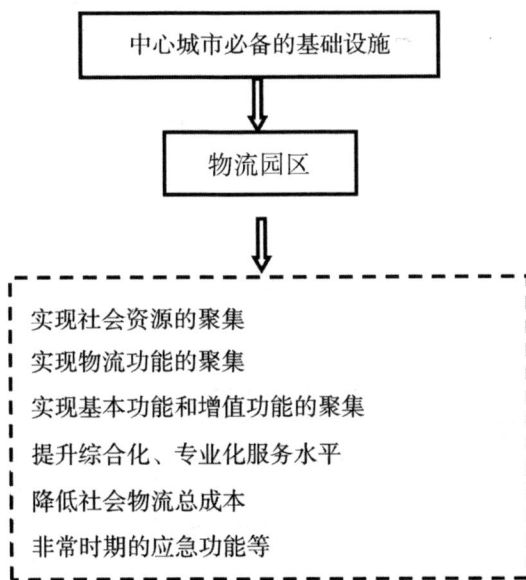

图1-1 物流园区在中心城市中的定位

## 二、物流园区在中心城市中的功能

物流园区在中心城市的功能，主要体现在四大方面，集约与整合功能，国际性物流服务功能，辐射、拉动和创新功能，产业聚集功能。

### （一）集约与整合功能

物流园区的建设一方面会吸引一批物流企业和物流资源集中经营，形成产业规模，实现量上的集约。另一方面物流园区的建设将以仓储为根本、以配送为平台、辐射城市周遍运输物流为延伸，实现基本功能服务；物流园区同时也提供金融保险、物业管理、银行海关等配套服务功能，为入驻园区企业提供便利；物流园区也提供信息整合、咨询培训、解决方案等增值服务功能，努力提升园区的整体运作水平，最终实现基本服务、配套服务和增值服务的集约（中心城市物流园区服务的集约功能如图1-2所示）。另外，中心城市通过辐射城市周遍的物流延伸服务，形成真正意义上的城市群效应，实现优势上的集约。

在实现集约功能的同时，物流园区的建设还通过共享物流资源、物流服务、市场信息、商品信息和物流技术，实现物资采购、产品生产、库存管理、商品配送、产品销售等环节的整合运作，以实现供应链运作的配套化和系统化。此外，积极发挥物流园区的交通区位优势，实现公路、海运、航空、铁路等多种不同运输形式的有效衔接和联运，实现物流资源的整合。

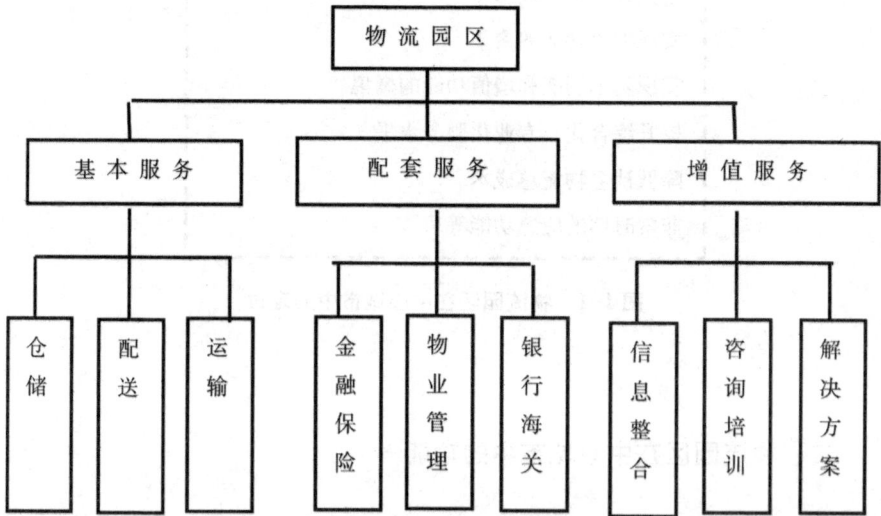

图1-2 中心城市物流园区服务的集约功能

### （二）国际性物流服务功能

保税物流园区是物流园区的主要业务形式之一，也正是物流园区的规模化、专业化和聚集化，为物流园区提供保税物流服务成为可能。中心城市属于国际商贸中心和物流枢纽，有大量的保税物流需求；保税物流园区的建成能够让中心城市在全球产业结构调整和转移过程中发挥关键作用并扮演重要角色，在有效对接国际产业专业的基础上，也必将推动本地产业结构的调整。同时，保税物流园区的建设也为中心城市及周遍辐射区域进一步融入全球经济一体化体系和全球产业体系提供更强的有力保障，保税物流园区所具备的政策、制度、技术、设备、功能、服务等优势，将吸引较多的国内外知名企业和大型第三方物流企业进驻园区。

中心城市物流园区国际性物流服务功能包括四方面。一是国际中转。考虑到保税区具有"两头在外"的业务流程特征，能为货物快速集并、集散等方面提供便利条件，加上机场、港口的地缘优势以及保税区的政策优势可以充分利用保税物流园区开展国际中转业务，开展跨境贸易货物的集运，提供多国多地区货物的快速集散和国际货物联合快运等业务。二是国际配送。利用保税区的特殊优惠政策，在保税区内对进口保税货物进行换装、分拣、配载等配送分拨业务，或进行保税增值加工后向国内外进行配送。三是国际采购。保税物流园区联系着供应链上的多家企业，也掌握着全球的物资信息和市场信息，让在园区内建立全球化的采购系统成为可能。通过跨国采购中心来推动国内货物出口，参与全球供应链竞争，是本国商品走向世界的可靠通道。四是国际转口贸易。在保税物流园区内开展转口贸易物流服务是鼓励园区企业开展国际物流的有效途径，能增加中心城市在全球供应链中的话语权，能促进外贸进出口业务的快速发展，能促进园区功能的全面提升。

### （三）辐射、拉动和创新功能

高水平、高标准的物流园区建设促进现代物流业的转型升级，进一步提高物流社会化程度和现代物流服务水平，为中心城市及周遍辐射区域的企业提供良好的物流服务环境。物流园区的建设是对传统物流的发展与创新，整合现有资源、引入现代创新机制，实现物流行业的转型升级。物流园区的建设也将引发更多的物流需求的聚集，带动和促进中心城市物流业的发展。物流园区的建设也会扩大商圈和降低交易成本，增加交易机会，这也将进一步推动本地经济的发展。

（四）产业聚集功能

全球经济一体化的发展催生了全球供应链的出现，国际物流在进出口贸易中扮演着非常重要的角色，现代物流业的发展水平成为衡量城市国际化水平的重要标准之一，也对全球产业结构调整带来重大影响。一方面物流园区充分依托中心城市的区位优势，利用物流园区的集约和整合功能，发挥物流园区的辐射作用，实现了物流产业的空间聚集；另一方面物流园区的发展有利于带动和促进其他产业的聚集。物流园区利用其所具备的政策优势、制度优势、网络优势以及完善的服务体系和配套设施，进一步提升了物流服务水平、降低了物流成本，为产业结构调整与转型升级提供了保障，也会带动其他产业向物流服务水平高的地区聚集。

## 三、中心城市发展对物流园区升级与发展提出更高要求

物流园区是城市物流系统构建的重要组成部分，对城市经济、社会、交通、环境以及居民生活发挥着越来越大的作用，其合理的规划、科学建设以及先进的经营与管理显得尤为重要。2009 年年初，国家着手开始进行产业结构的调整和转型升级，将物流业发展规划列为十大产业振兴规划之一，希望推动现代物流的发展，并借此带动其他产业的发展。而物流园区工程属于现代物流发展振兴规划的九大工程之一。随后，全国各地都开始大力推动物流园区的建设和发展，并取得比较明显的成效，如经济较为发达的长三角、珠三角地区物流及相关产业的发展水平、增长速度都有较大提升。

中心城市均地处所在区域经济圈的极地地区，属于各地区的商贸中心

和交通枢纽，产业环境好、商品交易量大、辐射范围广、辐射人口多，且公路、铁路、航空和海运基础设施网络完备和发达，各种运输方式的衔接性好。这些优势和条件都为中心城市的物流园区发展提供了契机，也为物流园区的运营打下了坚实的基础。大量的实例表明，在中心城市合理规划建设物流园区，不仅可以降低物流成本，提升物流服务水平，还对提升城市功能、改善城市环境、推动产业结构调整、带动城市经济增长具有重要的作用。

然而，由于对物流园区的定位不准确、功能设计不合理、发展模式选择不正确、政府管理失位、投资主体不明确、信息化管理手段不到位等原因，导致部分地区的物流园区建设属于蹭热点和跟风行为，盲目上马物流园区项目，未能结合当地实际条件和市场需求进行系统化物流园区规划和建设，导致园区经营发展不及预期，造成了大量土地资源和资金的浪费。

随着以物流园区为核心要素构建的协同发展、互联互通现代区域物流系统成为区域产业结构调整和区域经济发展的客观要求，也给中心城市物流园区的整体布局、建设水平和管理水平提出了更高的要求。在这种情况下，中心城市如何在发展现代物流业的过程中做好物流园区的功能定位、发展目标、空间布局、建设方案、运营管理模式等，指导园区科学可持续发展，是许多地方的政府部门和相关企业所面临的紧迫问题。此外，中心城市还必须从区域经济发展的视角出发，以物流园区建设为抓手，做好区域物流系统的战略整合，更好地服务与带动区域经济的发展。

# 第二章

# 中心城市物流园区升级改造与
# 发展研究意义与现状

## 第一节　研究意义

《国家"十四五"规划和2035年远景目标纲要》提出，优化提升超大特大城市中心城区功能，有序疏解中心城区一般性制造业、区域性物流基地、专业市场等功能和设施，增强全球资源配置、科技创新策源、高端产业引领功能，提升综合能级与国际竞争力。

当前，全球城市间竞争与合作的主线已日益深化为全球供应链之间的竞争与合作，随着国际分工不断深化和全球城市在世界范围内配置资源，现代物流与供应链体系将不断扩展和创造更大的价值。物流园区是现代物流与供应链体系的重要节点，中心城市物流园区的升级改造与发展将会进一步提升城市竞争力，这对中心城市功能的实现至关重要。

### 一、理论意义

物流园区作为区域物流产业集聚空间，不仅为下游客户提供物流服务，同时也为入驻物流企业提供各种服务，属于典型的服务行业范畴。从我国物流管理理论现阶段的发展情况来看，对于物流园区的研究还处于发展阶段，大多数文献是对单个物流园区的经营管理模式、规划布局、主体关系博弈、信息化和智慧化、服务模式等方面进行研究，在对新形势、新环境下整体考虑城市发展的物流园区升级与改造，尤其是中心城市的物流园区升级与改造鲜有涉及。

现有研究主要停留在对单个中心城市的规划研究，而未从国家大循环体系以及区域经济发展的角度来探究，忽略了物流园区作为一个复杂的区域型物流系统的功能定位，不仅能够直接提供物流服务，同时也作为公共服务平台，为区域内的物流企业提供服务。本研究系统梳理国内外物流园区升级改造与发展的一般理论以及中心城市物流园区升级改造与发展的研究进展；分析物流园区升级改造与发展对实现中心城市功能的重要作用，并从中心城市物流园区的定位、功能分析以及发展规划三方面剖析中心城市物流园区的发展情况；以广州为例，从目标、方向、思路、模式和保障措施等方面系统地提出中心城市物流园区升级改造与发展的对策。

本文的研究成果不仅可以深化物流园区的理论体系，还可以拓宽中心城市发展理论的研究范围。特别是在已有相关研究的基础上，以广州物流园区升级改造与发展为研究对象，利用区域经济、区域物流规划的有关理论与方法，研究以物流园区为核心的中心城市物流系统联动发展的动因机理、内容架构、规划布局与实现机制，并探讨物流园区升级改造与发展的模式与实施策略，对中心城市物流园区升级改造与发展提出战略性调整思路和措施建议。

研究工作注重对实践的归纳总结，使用定性与定量相结合的方法，是对区域经济理论、区域物流规划理论、城市发展与创新理论的有益补充，对准确把握物流园区在区域经济发展中的作用以及对区域物流系统进行合理规划与优化整合，乃至对区域经济合作均具有十分重要的理论价值。

## 二、现实意义

**（一）引领一个新趋势：发展现代供应链体系和加快物流基础设施建设**

党的十九大报告中第一次把"现代供应链"写进报告，将现代供应链提升到了国家战略的高度，这对我国现代供应链的发展具有里程碑意义，为加快推进我国现代供应链创新发展提供了充分的政策依据；同时也预示着我国物流将全面迈入供应链体系创新与应用阶段，通过深度参与全球产业链、价值链竞争，全面提高我国在全球供应链体系中的话语权和地位。

《国家"十四五"规划》中也提出建设现代物流体系，统筹物流枢纽设施、骨干线路、区域分拨中心和末端配送节点建设。为了顺应这个趋势，必须加快发展现代供应链和加快物流基础设施建设，其中物流园区是现代供应链体系的重要节点，所以中心城市的物流园区的升级改造与发展势在必行且迫在眉睫。

**（二）落实一项新举措：发展枢纽经济实现供应链的比较优势**

发展枢纽经济是贯彻习近平总书记十九大后中国特色社会主义思想的重要举措。物流枢纽经济是指以交通、物流、信息、网络、装备、设施等枢纽平台为载体，强化对经济活动各类要素和信息流动的集聚与辐射，寻求创新驱动发展的一种新的经济模式。物流枢纽经济的特征之一就是放大服务功能，借此推动城市经济及产业快速的发展，吸引外向型生产制造、国际商贸物流产业的集聚发展。

物流园区是推动枢纽形成的重要因素，为更好地适应多元化的城市物流业态，一方面，基于国内经济循环，以更好地满足国内消费和发展作为落脚点，规划设计商贸流通型公路港，实现土地集约利用、功能立体布局、货物同台换乘、服务不出园区；另一方面，为了促进国内国外物流资源衔接，提高物流转运效率，规划设计多式联运型公路港，涵盖公铁联运示范中心、区域分拨中心、仓储配送一体化中心、商品交易结算中心、物流信息数据中心，通过全国化的布局高效助力国内大循环。

中心城市具备很强的人力资源优势和遍布全球的市场网络渠道，而与之相匹配的物流与供应链管理成为发展的关键。中心城市要想突显出地区个性、发扬城市形象与城市优势，必须找准定位，规划科学的发展目标，只有这样，城市内各建设元素才能有效配合，产生联动影响效应。因此，中心城市应打造具有区位优势的物流枢纽，吸引产业要素、资源在城市聚集，走出一条供应链比较优势驱动下发展枢纽经济的新模式道路。

（三）解决一个新问题：现有物流园区与中心城市发展需求不匹配

《全国物流园区发展规划（2013—2020 年）》明确北京、天津等 29 个城市为一级物流园区布局城市，石家庄、邯郸等 70 个城市为二级物流园区布局城市。物流园区布局城市可根据实际需要建设货运枢纽型、商贸服务型、生产服务型、口岸服务型、综合服务型等不同类型的物流园区。到 2020 年，基本形成布局合理、规模适度、功能齐全、绿色高效的全国物流园区网络体系。

经过多年的建设和发展，中心城市的物流园区数量多、规模较大、类型丰富，但也存在一些问题。一是建设发展有待规范。一些地方脱离实际需求，盲目建设物流园区，片面追求占地面积和投资规模，一些市场和物流企业也冠以物流园区的名称。二是设施能力有待提高。多数物流园区的水、电、路、网络、通信等基础设施建设滞后，集疏运通道不畅，路网配套能力较差，普遍缺少铁路和多式联运中转设施。三是服务功能有待提升。多数物流园区仍然存在着专业化程度不高、设施装备配套性差、综合服务能力不强、信息联通不畅等问题。四是经营管理体制有待健全。五是政策扶持体系有待完善。物流园区普遍存在"落地难""用地贵"和基础设施投资不足的问题。

随着改革开放的深化，中心城市要想实现"老城市新活力"，必须在更高起点、更高层次、更高目标上创新发展，在综合城市功能建设等方面上找准定位，科学规划。物流园区的重新规划及升级改造是中心城市功能建设的重要内容，物流园区需要通过不断升级改造才能跟上甚至超过中心城市发展的需求。

（四）探索一条新路径：助力中心城市高质量创新发展的"物流园区升级改造与发展对策"解决方案

由于物流园区建设跨行业、跨部门、跨专业、跨学科，加上投资规模大、建设周期长，一旦投资失败，沉没成本巨大。另外，各城市功能定位、经济发展水平等不同，加上理论指导的缺乏，导致各地物流园区发展参差不齐，开发建设中也出现很多问题，有些园区有名无实、半途夭折，有的园区建设资金不足，极大地制约了其建设和发展。

中心城市应以习近平新时代中国特色社会主义思想为指导，以谋求城市高质量创新发展实现"老城市新活力"为目标、以现代物流和供应链理论为指导、以完善大物流格局和发展物流枢纽经济为手段，推动物流园区升级改造和发展，充分发挥物流枢纽经济的放大服务功能，吸引集聚产业要素、配置互补产业资源、优化提高产业效率，为中心城市的经济和社会发展提供强力支撑。所以，中心城市物流园区的升级改造不能是简单的修补，是要寻求一种能够助力中心城市高质量创新发展的"物流园区升级改造与发展对策"的解决方案。

中心城市物流园区的升级改造必须以促进物流要素聚集、提升物流运行效率和服务水平、节约集约利用土地资源为目标，以物流基础设施的整合和建设为重点，按照科学规划、合理布局，整合资源、集约发展，完善功能、提升服务，市场运作、政府监管的基本原则，加强统筹规划和管理，加大扶持力度，优化空间布局，促进物流园区健康有序发展，为经济社会发展提供物流服务保障。必须根据物流需求规模大小以及在城市战略和产业布局中的重要程度，建设不同类型和不同级别的物流园区。必须防止盲目建设或以物流园区名义圈占土地，选择一批发展条件好、带动作用大的园区，作为省级示范物流园区加以扶持推广，在此基础上，开展国家级物流园区示范工程。必须坚持实施平台化发展，实现物流园区的智能化、人与服务技术设备包括货车各种设施可以互联互通、园区与园区之间的互联互通、实时感知、线上线下的融合、物流基础设施和商业有机的结合、物流园区与城乡与产业的联动发展。必须以市场需求及城市发展战略为导向、以市场需求为核心。

本研究以广州作为案例研究对象，研究广州在粤港澳大湾区建设中，围绕建设国家中心城市、国际商贸中心、国家重要枢纽等目标，摸清广州物流园区发展现状、基础条件、企业培育、空间布局、平台功能、人才建设、运行机制等情况；围绕现代物流和供应链产业的发展内涵和定位，提出广州物流园区升级改造与发展的目标、方向、思路、模式等具体对策建议，对广州物流园区未来的建设有一定指导意义。此外，通过广州现有发展经验的总结和理论升华，也可以为今后其他中心城市物流园区规划与建设提供参考，有利于为今后物流园区的转型升级提供新方向；为中心城市发展现代供应链体系和加快物流基础设施建设、实现老城市新活力、建设大物流体系、解决现有物流园区与城市发展需求不匹配、助力城市高质量创新发展等提供新的路径。

# 第二节　研究目标

本研究在梳理物流园区研究领域文献的基础上，基于网络化、资源集约化和智慧化的前提条件，提出中心城市物流园区升级改造与发展研究目标。

## 一、从中心城市整体角度开展物流园区升级改造与发展的理论研究

目前，物流园区的一般理论研究与实践成果较为丰富，但是从城市整体发展，尤其是中心城市为特定研究对象，分析中心城市整体物流园区升级改造与发展的理论成果并不多，而物流园区对中心城市的功能实现具有

重大意义，同时中心城市的发展也为物流园区的升级改造提出了新要求，因此，亟待开展这方面的理论与实践研究。

## 二、以广州为典型案例开展实践研究

本研究重点以国家中心城市广州为对象展开案例研究，研究成果来源于实践，同时实践也反馈了研究问题。研究提出广州物流园区升级改造与发展的目标、方向、思路、模式等具体对策建议，对广州促进与加快国家重要中心城市、国际商贸中心、综合交通枢纽和粤港澳大湾区核心城市建设以及推动物流园区升级改造与发展都有重要的指导意义。

## 三、为中心城市物流园区升级改造与发展提出一个切实可行的新思路

中心城市的物流园区数量多、规模较大、类型丰富，但存在地理分布分散、整体规划滞后、物流园区内用地效率较低、集约化程度不高、信息化发展程度不平衡等问题，严重制约了物流业和物流园区在中心城市发展中支撑作用的发挥。推动物流园区升级改造与发展，充分发挥物流枢纽经济的放大服务功能，吸引集聚产业要素、配置互补产业资源、优化提高产业效率，为中心城市发展现代供应链体系和加快物流基础设施建设、实现老城市新活力、建设大物流体系、解决现有物流园区与城市发展需求不匹配、助力城市高质量创新发展等提供新的路径。

# 第三节　研究内容与研究方法

## 一、研究内容

在分析物流园区的发展现状、困境及趋势的基础上，系统梳理、总结国内外相关研究成果，发现目前研究的不足之处，探讨新形势、新环境下中心城市物流园区升级改造与发展问题。章节具体安排如下。

第一章为中心城市对物流园区升级改造与发展的新要求。首先，从聚集功能、辐射功能、创新功能、龙头作用、窗口示范作用五个方面分析中心城市的功能定位；其次，从强化中心城市集散功能、降低区位间的运输成本、促进要素的优区位指向运动等方面分析发展现代物流对实现中心城市功能的重要作用；最后，分析物流园区在中心城市的定位、功能，分析中心城市高质量发展对物流园区升级与发展提出的新要求。

第二章为中心城市物流园区升级改造与发展研究的意义与现状。明确本文的研究背景，论述物流园区升级与发展的重大意义；从理论和应用价值两个方面阐述研究意义；系统梳理国内外物流园区升级改造与发展的一般理论以及中心城市物流园区升级改造与发展的研究进展，总结目前研究的不足之处；简要阐述本研究的研究目标、研究内容、研究思路和框架以及研究方法。

第三章为国外物流园区发展经验与借鉴。重点介绍从发展现状、发展模式、管理机制、政府作用等几个方面德国、日本和美国物流园区的发展情况，并总结经验和启示。

第四章为国内中心城市物流园区发展现状与初步经验。从总体规模、地区分布、等级划分、规划布局、开发建设、服务功能六方面介绍中国物流园区的总体情况，并以京东亚洲一号仓物流园、顺丰华北航空枢纽（北京）中心、华南物流园（深圳）、洋山保税港区物流园区等国内知名物流园区为例，分析和总结经验与启示。

第五章为我国物流园区发展的政策分析。主要是从我国物流产业政策的演进与发展、我国物流园区发展的相关政策两方面进行了政策梳理，了解中心城市发展物流园区的政策环境。

第六章为广州物流园区升级改造与发展面临的背景与机遇。首先是对广东省、广州市各级各类政策进行分析，了解广州物流园区升级改造与发展的政策环境和发展机遇。其次，主要是分析"一带一路"、粤港澳大湾区、南沙自贸区建设等战略背景下广州物流园区升级改造与发展的必要性、紧迫性。最后，从经济技术方面分析广州物流园区升级改造与发展的背景与机遇。

第七章为广州物流业及物流园区发展调查分析。首先，梳理广州经济发展的统计数据，介绍广州物流业发展现状；其次，从总体情况、园区发展现状、基础条件、企业培育、空间布局、平台功能、人才建设、运行机制八方面介绍广州物流园区发展的现状；最后，以南方物流为例深入剖析广州物流园区发展及存在的问题。

第八章为广州物流园区升级改造与发展的目标与方向。提出广州物流园区升级改造与发展的短期和中长期目标，从错位化发展、枢纽化定位、智慧化升级、平台化运作、多样化服务、联动化发展、联盟化运营以及绿色化生产八个方面阐述广州物流园区升级改造与发展的方向。

第九章为广州物流园区升级改造与发展的思路。首先，提出物流园区规划布局优化的指导思想和主要建议；其次，提出物流园区提质增效的指导思想和主要措施；最后，提出资源整合与联动发展的指导思想和主要措施。

第十章为广州物流园区升级改造与发展的模式。首先，从投资开发、运营管理、服务创新三方面介绍广州物流园区升级改造与发展的模式；其次，从整体规划、管理体制、政策扶持、配套措施、评估考核、示范工程六个方面提出广州物流园区升级改造与发展的保障措施（整体研究框架与思路如图 2-1 所示）。

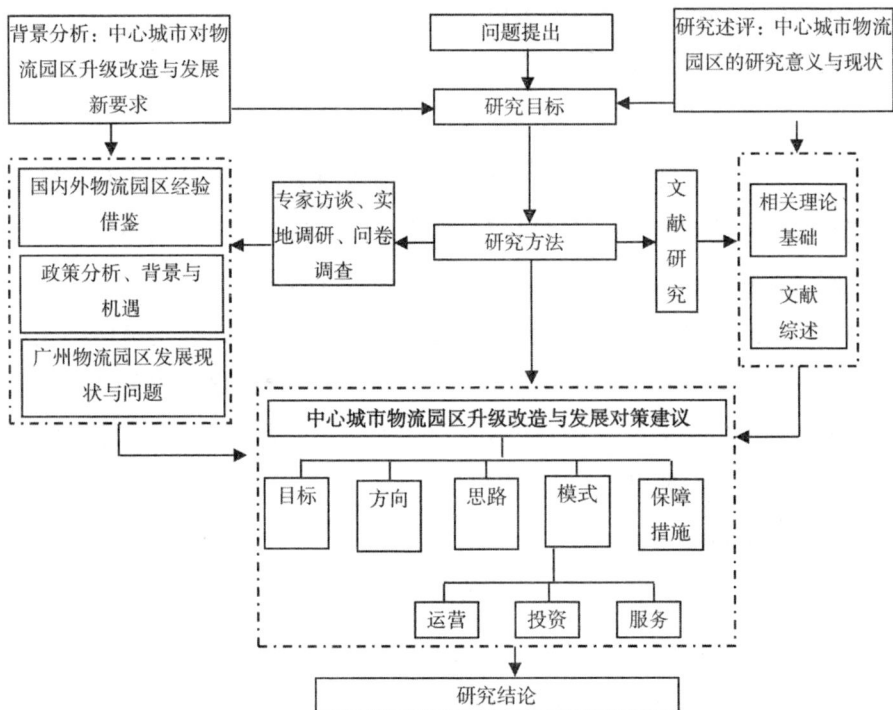

图 2-1 整体研究框架与思路

## 二、研究方法

分析中心城市物流园区升级改造与发展的背景，在综述国内外物流园区发展的相关理论，借鉴国内外典型地区物流园区发展经验的基础上，采用定性和定量相结合的研究方法，分析广州物流园区发展现状和存在的问题，采用案例分析和演绎归纳的方法，深入探讨广州物流园区在发展目标、方向、思路、模式以及保障措施等方面的对策建议。

（一）专家调查法

专家调查法是参考、借助专家的知识、经验得出研究结论或呈现研究结果的一种方法。专家调查法贯穿本文研究的各个阶段，主要通过专家访谈，了解物流园区对中心城市发展的重要性、中心城市物流园区的功能定位；了解广州物流园区发展的历史与现状、建设的基本思路与方略，收集专家关于广州物流园区升级改造与发展的对策与建议。

（二）文献分析法

一是通过大量搜索和阅读与物流园区相关的文献以及政策文件，熟悉物流园区相关基础理论；通过对相关理论加以归集整理，以及对中心城市物流园区发展现状、功能定位、存在问题等多方因素的分析，探寻中心城市物流园区的发展战略。二是以广州为例，查阅历年来广州物流园区建设目标、方向、思路和模式等信息，全面了解广州物流园区的发展现状，力图提出具有现实意义和针对性较强的对策建议，并给其他中心城市物流园区的升级改造与发展提供借鉴。

（三）实地调研法

前往北京、上海等国内外物流与供应链水平发达、物流园区建设相对完善的中心城市进行实地调研，了解物流园区现有的政策和规划，对政府管理人员、驻园企业人员等进行多次深入访谈、交流，从不同角度了解物流园区现状和未来发展方向。

坚持"全面普查，重点突出"的原则，以广州市交通局在册信息为基础，通过分类分层抽样调查，对139家物流园作为总体样本进行统计分析。对广州白云空港、南沙港、黄埔开发区域内数十家现代化物流园区进行实地调研，对广州中心六区的传统物流园的搬迁、改造和升级进行现场调研。

（四）案例研究法

一方面选取国外发达城市以及国内主要中心城市作为案例，系统梳理它们物流园区的发展现状、模式以及存在问题，注重对其经验和启示进行总结；另一方面选取重点以广州为典型案例，详细了解广州物流园区升级改造与发展的背景、机遇、现状，深入剖析发展困境，并提出发展对策。

通过各类案例的研究，凝练出中心城市物流园区升级与发展的目标、方向、思路、模式以及对策。

（五）比较研究法

对国内典型的中心城市的功能定位、经济发展水平及特点，物流园区现状、未来的发展规划以及政策支持等方面开展分析比较，并结合广州实际，在此基础上探讨广州物流园区在粤港澳大湾区以及"一带一路"背景下的升级改造与发展问题。

# 第四节　国内外研究现状与趋势

## 一、物流园区升级改造与发展的一般理论研究

物流园区具有多模式运输手段的集合、多状态作业方式的集约、多利益主体博弈、多技术的融合、多方面运行系统的协调、多角度城市需求的选择、多体系服务手段的配套等特征。物流园区是一种特殊的现代物流产业形态，跨行业、跨学科。国内物流园区起步于1998年，前后发展不过二十多年时间，这期间，学者们主要从物流园区经营管理、网络规划、主体关系博弈、信息化与智慧化建设、服务模式创新等几个方面对物流园区的升级与发展进行了理论探讨，形成了较为丰硕的研究成果。

（一）物流园区经营管理模式研究

王佑林（2016）认为物流园区标准商业模式包括市场调查、征地、规划设计、建造、运营管理几个步骤，还分析了考虑客户需求的定制模式、将地产回租给用户的收购回租模式以及提供专业物流服务的增值服务模式。

何黎明（2018）认为未来物流园区发展具有规模化发展、多元化经营、网络化布局、联动化推进、智慧化升级等新特点，指出全面连接、数字转型、智能升级、产业融合、平台开放等物流园区转型的新路径。

王飞（2018）分析发现目前物流园区存在空置率高、管理不到位等问题，提出参照市场规律合理运行、发挥出政府部门的决策作用、加强软环境的投入力度等对策。

陈志新（2019）以北京通州物流产业园区为例提出建设物流特区的设想，希望能自持一定比例的土地，推进行政改革，采取管委会运营模式，实施包括土地增值收入、租赁、商业地产收入以及其他增值服务收入的赢利模式。

魏际刚（2019）认为中国的物流园区的物流园战略还不够清晰，存在运营方面和供给侧方面的问题，比如土地要素价格不断的上升，另外就是政策的协调方面存在一些问题；提出中国物流园区要平台化发展，并以需求为导向。

黄明田（2019）以湖州市辖下物流园区为例，发现物流园区发展存在缺乏整体规划、建设进度不统一，规模在扩大、效率不明显，投资开发模式单一、综合服务型园区数量居多等问题，提出通过构建业务合作、利益共享，共通共享、降本增效等联盟机制来推动协同、创新发展，从而促进物流园区提质增效。

马胜铭（2019）从"互联网+环境"的视角出发，提出包括价值主张、服务内容、价值网络、价值生态的"物流点、线、面、体商业模式"，即坚持理念创新，重塑价值主张；通过服务方式的改变、服务项目的增加、重新组合等实现服务内容创新；实现包括供应链上下的合作伙伴的价值网络创新；推动物流企业通过互联互通，实现跨界合作、价值共创，构建生态优势。

龚红（2020）认为国内零担物流园区缺乏规模化、标准化和网络化运作，提出设施租赁型、平台运营型盈利模式，构建"自建成本+运营成本+合理回报、模式输出+合作分成+绩效考核的利润回报"机制。

王吉念（2020）认为我国当前海外物流产业园区系统化和一体化水平还有待提高，提出在前期策划阶段可以采用开发商、开发商+运营商、纯生产企业作为主导的模式，项目开发建设阶段可以选择开发企业直接投资、资本市场融资以及项目融资模式，项目运营管理阶段可以采取"企业管理型或政府+企业混合管理型模式"。

周欲烈（2021）认为物流园区存在管理政企不分、组织机构不合理、人员配置不科学，服务内容单一化，违规操作、恶意"圈地"，服务手段落后等问题，提出采用园区管委会运营模式，构建入园企业选择体系，以及考虑不同发展阶段特点的盈利模式等发展策略。

（二）物流园区网络规划布局研究

吴东景（2018）对产业联动的内涵进行概述，指出现阶段智慧物流园区布局中存在目标过于单一、缺少应有的柔性和动态性、不具备宏观调整观念等问题，认为应该从园区基础模块和园区智慧模块两个方面做好智慧物流园区的布局。

骆相阳（2020）提出物流园区选址要坚持与当地城市规划政策相一致、经济与环境合理、避免造成交通压力、快速和便捷等原则，以投资费用为目标函数，运用联盟博弈模型沙普利法分析最佳选址方案。

耿立艳（2020）分析发现我国物流园区规划设计中存在缺乏统筹规划、缺乏明确的目标以及特色、管理体制存在弊端、缺乏物流专业技术人才、信息化水平低等问题，提出要科学统筹、合理规划、加强立法、政策支持、合理引导、示范推广、注重人才等对策建议。

陈利民（2020）以目标市场需求为导向，以低碳经济理念为指导，在明确目标市场需求的基础上，找准物流园区功能定位，采用系统布置方法建立布局模型，设定约束条件，构建目标函数，并用启发式算法求解；然后从绿化水系、建筑节能、低碳物流活动等方面进行布局优化。

张思奇（2020）系统梳理了物流园区布局优化文献，发现目前在优化目标函数、算法组合求解以及趋近实际环境优化三方面的研究成果较多，认为提高物流园区规划适用性，考虑环境能耗的约束、物流园区交通组织以及对周边交通环境的影响是未来的研究方向。

姜旭（2021）通过文献综述发现现阶段物流园区规划的研究重心已经开始转移至定量模型的研究，并借助于启发式算法让规划结果更科学，而基于产业协同、产业集群以及区域经济发展理论，考虑 5G、区块链等新型数据技术是未来物流园区规划的重点。

## （三）物流园区主体关系博弈研究

邱小平（2017）考虑政府和企业两大物流园区投资主体、合作博弈理论，一是构建政府与企业的博弈模型，并采用完全信息静态博弈求得纳什均衡；二是构建企业与企业的博弈模型，利用合伙人博弈计算出两者的反应函数，寻找纳什均衡。博弈结果表明，政府和企业共同投资物流园区，尤其是投资比例为 1∶1 时双方收益最大，且它们合作投资的协同程度越高，各自的收益函数值就越大。

华文浩（2017）发现目前物流园区的协同研究主要集中在单个物流园区内部协同博弈和物流园区网络协同博弈两个方面，并从信息协调、区域物流园区网络方面展开了定性分析，在运营模式、协同机制、园区布局、政企博弈、物流园区网络规划方面构建了定量模型；认为应该从政府与企业协同、园区与园区协同、园区内企业与企业协同等三个维度研究物流园区的协同发展。

孙淑生（2018）对物流园区、主导物流企业和入驻物流企业三类主体进行了分析，并在物流协同性、合作扩张性、创新能力、物流灵活性等方面形成主导物流企业和入驻物流企业的合作框架；考虑到合作方对整体收益的影响又不能影响合作之前的收益，运用合作博弈中的二人博弈模型，基于 Shapley 值对主导物流企业和入驻物流企业合作带来的增益进行分配，希望提升合作的稳定性和服务质量。

丁佳良（2019）认为企业竞争压力、企业合作偏好、企业增长速度、企业生态位、环境容量、物流园区区位及结构和惩罚机制是影响物流园区企业竞合的主要因素；根据影响因素和竞合模式建立物流园区企业竞合的协同进化模型，随后进行融合免疫机制的优势迁移操作；根据建模和仿真结果，基于企业、物流园区和政府三方面提出整合物流集成经济、完善政策法规、减少同质企业的恶性竞争、加快免疫机制的优势迁移、增强风险抵御能力、扩大物流市场、加强物流园区非主体单位建设、提升物流园区的竞合环境等成长策略。

（四）物流园区信息化智慧化研究

邹小平（2016）认为物流园区创造价值主体包括园区外物流服务需求者、园区运营管理者、入住园区客户、园区开发方以及政府，通过建立电子商务信息平台实现园区互联互通；利用物流园区整合线上线下资源，可以降低社会物流成本，减少招商成本，增加物流支付功能，降低管理成本，提供价值升值服务，降低寻找物流供应商的成本，降低营销成本和空载率。

许道涛（2018）发现物流园区互联互通有利于规模化、集约化、网络化发展，有利于实现供给侧改革，有利于信息共享提升服务效能；认为加强信息化能力建设，着力解决互联互通对象、内容、数据服务平台、应用系统和管理机制等核心问题，树立共享意识，引导培育用户线上交易习惯是有效推进互联互通的策略。

陈彬麟（2019）以宁波为例，构建包括开放性公共信息服务、内部公共信息服务、电子政务服务、物流园区作业管理信息服务等方面的物流园区创新发展指标体系；借鉴国外成功案例经验，结合行业发展趋势，提出政府加大宏观调控力度，盘活现有信息资源，引入园区服务运营商，对接融入"互联网+"，系统优化物流网络体系，线上线下协调发展等创新发展的对策建议。

李迁（2019）针对物流园区集成化管理水平不高的问题，提出整合物流、物流设备、信息流、仓储、人员、能源、安防等资源信息，搭建包括数据接入层、数据转换层、基础层、应用支撑层、应用服务层的互联互通智慧化平台，提升园区信息化水平、运营管理水平、资源共享水平、政府和企业的决策水平。

林春凉（2019）阐述了大数据时代智慧物流园信息平台建设的着力

点，提出包括感知层、数据层、应用支持层、应用层、表现层和用户层等框架，包括数据处理、电子监控、信息发布、园区资产管理和会员服务、智能运输管理和智能仓储管理等功能的智慧物流园区信息平台建设路径。

余浩宇（2020）从仓储管理的智慧化设计、车辆管理的智能化设计、人员管理的智能化设计、基于智能技术的产业链设计与开发、虚拟物流平台建设五个方面分析研究航空物流产业集群的智慧物流园区设计，旨在为智慧物流园具体建设提供参考。

肖光伟（2021）对基于物联网技术建设的湖北中烟乐道物流原料仓库智慧物流园区进行简要分析，认为存在信息孤岛、工作流程复杂、体验感不良的问题，提出包括感知、网络和应用层的物联网智慧园区整体架构和包括园区调度系统、园区安防系统、智能养护系统、仓库管理系统的智慧园区建设方案。

（五）物流园区服务模式创新研究

程红梅（2017）认为"一带一路"沿线国家的交通运输格局不断调整，为现代化物流园区发展提供了有力支持。但是由于我国铁路、港口等基础设施不完善，沿线各国的人文、法律、制度的差异性，以及行业内诚信合作体系有待强化、发展秩序有待提升、信息技术融合有待提高，导致物流成本居高不下，物流需求速度放缓。多式联运仍然存在有效信息传递不对称、联运系统协同有待加强、联运的衔接设施缺乏、平台建设相对滞后、制度保障缺乏等诸多问题。提出明确定位，找准核心竞争力；畅通基础设施，再造物流生态圈；实现平台共享，发挥智慧云功能；实施一体化运营，利益共享；嵌入客户供应链，延伸服务触角；研究发展软环境，推动配套建设等"互联网+"多式联运物流园区发展策略。

侯道健（2017）认为"互联网+"时代物流园区具有实现物流信息高度集成共享、搭建物流资源深度整合平台、建设完整现代物流服务体系的功能。提出完善物流园区规划与运营制度，加快政府管理服务职能转变；加大物流园区基础设施建设力度，满足现代商品流通市场物流需求；统筹物流园区规划运营布局，实现城市建设协调发展；科学优化物流资源配置，加强物业运营基础保障；构建园区产业协调发展平台，实现物流园区创新驱动；夯实园区商业运营基础，推动园区发展良性循环等"互联网+"时代物流园区战略规划与运营的有效路径。

廖源铭（2018）简要分析了货运枢纽型、生产服务型、口岸服务型、商贸服务型和综合服务型五种物流园区主要的业务特点和赢利模式。发现存在经营理念落后，赢利手段相对单一；园区空置率高，与入驻企业之间黏性较差；信息化建设水平不高，"信息孤岛"现象严重的问题。按照"互联网+物流园区"生态圈理论，构建模型、剖析机理、分析演化过程，提出物流集成模式、平台运营模式、资源整合模式、服务提供模式和连锁复制模式等五种盈利模式。

王利芳（2018）从湖州物流园区的布局与现状出发，认为存在粗放式发展，盈利模式单一；企业多种人才缺乏；物流园区同质化竞争严重；网络化、信息化程度低等问题。提出改革管理方式，增加增值服务，创新平台模式，提供多种盈利模式；加大人才引进力度，持续推动人才培养，为园区提供各种人才保障；在"互联网+"的时代背景下，用先进技术与思想颠覆传统模式；发挥政府在物流园区建设和发展中的指导、协调、监管和推进作用等对策建议。

许皓（2020）指出服务功能加强、专业化服务成为新的发展方向，规模化发展、多元化经营、网络化布局、智能化升级是物流园区的发展趋势，认为现有的"物流园区+贸易""物流园区+产业链""物流园区+金融""物流园区+互联网"模式等存在同质化现象严重、主体地位不明确、实施方法不落实等问题，提出"物流园区+供应链"模式、"物流园区+智慧物流"模式、"物流园区+生鲜"等新模式。

梁喜（2021）分析了美国多式联运中心模式、日本物流团地模式、德国货运村模式、荷兰物流园区模式等国外"物流园区+多式联运"的发展模式，发现我国物流园区发展存在园区规划建设缺乏调控协调与指导、园区无法形成对多式联运的运力整合、园区信息网络建设缺乏兼容共享等一系列问题，提出应从协调机制、集聚发展、大数据等方面入手逐步向多式联运型物流园区等高级发展形态转型升级。

潘东坤（2021）分析发现我国物流园区发展存在整合协调能力差、技术和集约化程度低、缺乏可持续发展规划、物流设施的建设与发展滞后、行业恶性竞争现象严重等五大问题。他认为绿色物流园区是未来的发展方向，并提出科学合理地做好物流园区的规划工作、鼓励物流园区企业的合作、建立循环的绿色物流体系、重视辅助功能的规划建设等对策建议。

李绍波（2021）认为物流园区作为重要的社会基础设施，将朝着标准化、专业化、共享化、智能化的趋势发展，多元化增值服务是抓手，资本和技术将助推新旧交替，物流园区的发展将助力国内大循环。

## 二、中心城市物流园区升级改造与发展研究

物流园区在中心城市建设和发展中有着特定的定位和功能，中心城市高质量发展对物流园区的升级与发展提出了更高更新的要求，也必将推动中心城市物流园区升级与发展的理论研究。目前此方面的研究还比较少，已有的研究成果主要包括两方面。

### （一）中心城市物流园区发展基本理论研究

目前，针对中心城市物流园区的理论研究还比较少，王艳（2008）认为中心城市物流园区具有集约与整合功能，国际性物流服务功能，辐射、拉动和创新功能，产业聚集功能。

刘学明（2013）认为中心城市综合物流园区具有宏观社会功能、微观业务功能和增值服务功能；提出中心城市综合物流园区开发主体选择应坚持保障园区的社会效益，保障开发主体的收益，维护园区的实际运营者、使用者以及消费者的合理权益的原则；构建出园区开发模式选择评价模型并对"政府主导开发、政府引导企业主导开发、企业自主开发"三种模式进行选择评价，发现政府引导企业主导开发模式是中心城市综合物流园区相对适合的开发模式；并将模糊评价法与层次分析法有机结合，构建出不同融资方式的融资效率评价模型。

## （二）中心城市物流园区发展的实践研究

较多学者对北京物流园区的发展给予了关注。黄修贤（2017）选取限额以上批发和零售企业商品销售量作为原始数据，利用灰色预测法对北京市鲜活农产品的销售量进行了预测，考虑一小时流通圈对送达时间、交通条件、环境保护、物流节点、公共基础设施、政策环境和物流园区最小规模限制等方面提出的要求，构建包括物流园区的建设成本、配送成本、碳排放成本的物流总费用最小的物流园区布局模型，采用时空消耗的方法计算出环首都地区鲜活农产品物流园区的总体规模，利用 LINGO 求解得到最可行的布局方案。

王青燕（2019）总结了物流园区的现状以及北京市四大物流基地的情况，认为北京发展物流园区具有地理位置、人才、教育、科技资源、集群效应、配套服务优势，针对性地提出加强京津冀物流产业协作、开展多式联运模式示范应用、有序疏解非首都功能、完善监督评估，加强考核评价、改造升级物流园区建设，与北京"首都"功能服务相符合等对策建议。

王成林（2020）分析了北京市京北智慧物流园区的建设背景，提出构建包括物流设施、物流器具、物流人员、物流技术以及公共技术等分层次、多元化的共享合作模式，实现区域的共享生态体系建设。并且基于以物联网为主的技术集成应用完成园区运行状态的监控，制定相应的区域物流优化方式，为园区内部企业提供新型智慧技术服务。提出产业发展政策要统筹考虑、综合考虑现代物流系统的资源配置需要，更加关注现代物流及其他配套产业的人员培养工作等政策建议。

徐北静（2020）提出北京发展智慧物流园区的路径：一是智慧布局，高效土地利用、智慧业态准入、智慧公共空间；二是智慧交通，交通流线管理、立体交通、标准化设施；三是智慧建筑，标准化仓库、装配式配套设施；四是智慧预留，空间廊道预留、弹性出让条件。

其次，学者们对西部中心城市重庆的关注也不少。邹艳（2016）发现重庆市物流园区发展存在物流基础建设亟待加强，各种运输方式能力有待提高；缺乏成熟的物流理念，物流企业整体实力不强；物流园区的信息化程度偏低等问题，提出加快完善基础设施建设，优化物流环境；培养与引进优秀的物流企业；加强物流人才培养；推动信息化建设，搭建物流园区公共信息平台的对策建议。

姚懿（2017）以重庆西部现代物流园为例，分析发现重庆物流园区的发展还面临着目标高但政策匹配不足、竞争强但要素保障较弱、创新快但机制适应相对慢的三大挑战，认为建设现代园区，必须坚持改革开放，高起点打基础，高标准搞建设；必须坚持市场规律，按照国际标准，实行现代化管理；必须依靠人才支撑，鼓励创新创造，发展产业集群。

钟锐莉（2017）广泛研究了国内外自贸区建设的先进经验和政策，发现自由贸易园区具有政府主导、境内关外、隔离封闭、高度开放、政策优惠的特征，提出重庆西部物流园基于自贸区条件下的功能定位为以铁路枢纽为主的多式联运自由贸易枢纽、供应链金融中心、高端服务业集聚区、文化交流与贸易重要平台，并归纳出了行政服务、投资、贸易、金融、服务业等方面的可复制借鉴政策。

谯智毓（2018）分析了重庆物流业发展的现状，认为重庆发展物流园区是发挥重庆作为"一带一路"倡议支点集聚辐射功能的需要、支撑重庆南向国际大通道建设的需要、促进重庆打造西南物流枢纽和内陆开放高地的需要、优化重庆物流体系的需要、缓解重庆主城区交通拥堵的需要、夯实企业发展基础的需要。并从服务功能设计、业务模式设计，以及布局规划设计三个方面系统阐述了项目建设的具体内容；同时对项目建设可能存在的问题、项目实施可能存在的风险进行识别与评估，提出相应的防范、规避和降低风险的措施。

另外，其他中心城市也有一些研究成果出现。谭蓉（2017）首先对广州保税物流园的运营现状、战略定位与黄埔港的"区港联动"合作模式作了简单的介绍，从中发现存在园区规划不合理、园区内信息缺乏有效的整合、缺乏独立的税务部门、冷链方面业务欠缺、部分仓库货物存放位置不合理等问题，最后，针对发现的问题提出了重视招商引资，完善进驻流程；建立信息交流平台并设专人管理；增设独立的业务机关部门；企业经营范围多元化，引入冷链物流；引入科学的仓库管理方法等解决对策。

赵卉（2015）通过分析郑州发展国际物流园的必要性，提出郑州在国际物流园发展中的保障措施，一是物流产业相关政策方面的保障措施：完善物流保税通关政策；建立健全对于物流企业的扶持政策；完善商贸企业与制造业的扶持政策。二是国际物流园区的管理方面的保障措施：运用适宜的国际物流园区管理模式，加强国际物流园区的内部管理，强化国际物流园区的其他管理工作。

苏平（2019）对上海庙综合物流园区项目建设的必要性、市场的需求分析与预测、项目投资决策与评价进行了研究，并为项目的具体实施提供了可借鉴的建议：要注意搭建好公共信息平台、物流基础信息平台及物流作业信息平台等三大信息平台；业主公司作为投资开发和运营主体，参与园区投资开发活动及园区后期的运营管理活动；业主公司引进现代企业治理结构，并对员工实行绩效考核制度；在盈利模式上，租赁收入及专业化服务收入是园区的主要收入来源。

王晔（2019）分析天津物流园的整体概况及发展战略环境，以翰吉斯国际农产品物流园为例，对物流园区发展战略及规划、战略定位、多样化投资战略进行了探讨，并提出风险防控、制度建立以及宏观政策方面的保障措施。

唐婉（2010）以武汉高桥物流园为例，提出构建包括区域物流组织管理、基础设施、信息平台以及产业发展政策等多方面的联动平台体系；构建包括信任机制、联席会议、协调仲裁、物流资源整合重组机制、反馈机制、利益协调机制的联动团体实现机制；从发展目标、联动方式与发展重心以及实现路径等方面比较分析现代物流园区联动发展模式。

### 三、研究综述

由于物流园区是一种新型的现代物流产业形态，尤其是国内发展起步较晚，理论研究的广度和深度也不足。文献表明，大多数学者都集中于针对单一物流园区的经营管理模式、网络规划布局、主体关系博弈、信息化和智慧化建设、服务模式创新等一般性物流园区发展理论的研究，而从城市发展的整体视角出发，尤其是针对中心城市的物流园区发展问题的研究并不多，少有的成果也仅从投资开发模式、运营模式或者物流技术等单个或者几个方面展开研究，而在新技术、新形势下，系统性地阐述中心城市物流园区发展理论的研究成果还亟待补充。

中心城市的功能、定位有别于一般城市，中心城市对区域经济及整个国家经济的发展有重大影响。因此，为了实现中心城市的功能，也就必然对物流园区的升级与发展提出新的要求，也势必推动中心城市物流园区的升级与发展的理论研究。

由于物流园区升级和发展是跨行业、跨部门、跨专业、跨学科的问题，涉及诸多领域，如何从目标、方向、思路、模式以及保障措施等多方面系统性提出中心城市物流园区升级与改造理论也是亟待解决的问题。

受5G、互联网、物联网、大数据等新技术的影响，在"一带一路"倡议以及国内国际双循环相互促进新发展格局的要求下，中心城市物流园区的升级与改造面临新挑战、新机遇，如何顺应时代发展的要求，积极拥抱技术创新来推动物流园区的升级与改造值得思考。

第三章

# 国外物流园区发展经验与借鉴

## 第一节　德国物流园区发展经验与借鉴

### 一、德国物流园区发展现状

物流业是支持德国各产业的核心产业之一，得到过历届政府的重视。通过多年的发展，目前已经构建出设施完善、运输网络全覆盖的全物流网。德国在 2018 年对物流业统计发现，物流业年产值达到 2300 亿欧元，直接从事物流业的劳动力达到全国劳动人数的 18% 以上。物流业仅排在汽车制造和国际贸易之后，是德国的第三大产业。

德国高效的物流业也极大促进了国际贸易的发展。由于德国地处欧洲大陆中心，中欧铁路、欧洲水陆在此交接，因此成为中国、俄罗斯与欧洲的通衢之处。因此德国的物流业与其国际贸易地位高度吻合。

德国物流业也成为德国日常生活的润滑剂。在德国不管是城镇还是在农村，任何地方只要需要重要的药物，都可以及时送达。每一个物流节点上的药库都可以在 1 小时内补充充足。汽车配件的物流配送上，可以在 4 小时以内为一个汽车制造企业提供 1200 辆汽车生产所需的 35 万种零配件。

德国的冷链也极为发达，可以为各地商店提供严格温控的生鲜品和冷冻品。

德国物流业的高效得益于政府对物流业的规划。德国联邦政府在对全德国的产业分布、需求分析和国际贸易分析基础上，定义相关城市为物流节点中心城市。并在中心城市及交通节点上设立物流园区，为企业和居民提供完善的物流服务。例如柏林是政治和经济中心城市，拥有德国铁路公司（Deutsche Bahn）、Zalando 和 Edeka 等公司；汉堡作为手工业中心城市，拥有 Edeka、Airbus、Otto 和汉莎等公司；斯图加特是汽车制造中心城市，拥有奔驰和保时捷等制造企业；莱比锡是萨克森州和周边国家的物流中心，总部设在莱比锡的大型企业有宝马和西门子，等等。

德国在中心城市内或者周边设置物流园区，为企业提供快速高效的物流服务，是德国制造业发达的秘诀之一。其物流园区布局规划和园区建设均在政府指导下进行。德国把物流园区（Güterverkehrszentren，简称 GVZ）定义为各种运输方式的交汇中心，也称为物流服务中心、货物积载中心。从空间布局来看，物流园区是专门从事物流服务及物流相关活动的场所，是物流企业的集聚场所。

德国联邦政府在物流园的发展上起到决定性作用，在政府和协会指导下，1985 年在德国不来梅设立了第一个真正意义上的物流园区——不来梅物流园区。不来梅物流园区的成立，为德国西北部产业提供了准时高效物流服务，企业所需的零部件能及时送到，而不用一个个零部件从各地采购。不来梅物流园的成功，为德国其他地方成立物流园带来示范效应。至今已经在全德国建立了 35 个不同类型的物流园区，其中 18 个物流园区是德国物流园区协会会员（DGG），即此 18 个物流园区是政府指导下，协会协同管理的园区（如图 3-1 所示），在物流园区建设标准上具有重要作用。35 个物流园的建立，为德国形成全国范围内物流园区网络布局及物流节点的布局。形成了以德国为中心，连接亚洲和北美，服务国内和欧洲的全域物流网。到目前为止，物流园共有 1300 多家企业进驻，有 5.2 万人就业，其他投入超 57 亿欧元，为德国各产业提供了充分的物资保障。

**图 3-1  德国物流园区布局及 DGG 成员**

图片来源于：http://ishare. ifeng. com/c/s/v002Th7gS94yhjXoHwi8G2--WLYz2H
-_ 90GtpuE2ZmzJIpbe4_ _

德国物流园区与其他国家物流园区发展相比，存在如下几个特点。

（一）依托完善的铁路物流体系

德国铁路线连接每个城市，基本覆盖全国大部分地区。其发展速度和规模与德国的经济布局和经济发展保持一致。例如经济中心城市柏林、不来梅、雷根斯堡等城市的铁路物流用地和线路建设的体量与经济发展体量保持一致。而且依托铁路节点建设的物流园区，不但加强了各物流运输方式的联合，也保证了物资在各区域园区之间的合理调度。通过分析德国铁路物流发现，以国内铁路运输为中心，以国际海运、国内外航空运输和道路运输相结合的多式联运在物流园区的运输量占比71.4%以上。因此德国真正做到物流与物流园区联动、物流园区与产业园区联动、国内与国际物流联动的物流一体化。

（二）依托中心城市构建物流园区，实现产业集聚

德国在设立物流园区之初就充分考虑依托各产业中心城市以及物流节点来对物流园区进行选址及功能建设。在选址过程中主要考虑：（1）服务产业中心城市。例如德国汽车生产重镇符腾堡州，建设物流园区，为汽车生产提供近100%的零部件和其他材料和设备。（2）便于多式联运。物流园区必须满足两种以上的交通工具，必须靠近港口、铁路站，或者高速公路和铁路网络的中心节点。（3）便利的市内交通环境。考虑大规模运输会导致城市道路拥堵。在城市周边设立物流园区，同时考虑市内配送的便捷性和对城市造成的拥堵，因此在高速公路网与市内道路交接的城市周边设置。（4）考虑综合效益。设立物流园区考虑与周边社区联动，提升社区的就业质量、社区经济和社会效益等。也考虑园区可以提供充分的劳动力以及周边生活配套设施等。

（三）强化物流园区增值服务功能

德国物流园区在功能设计和建设上，不但强化了物流园区为产业中心城市提供的物流基础服务，还为园区企业提供了流通加工、物流技能培训、报关报检，出口贸易加工、国际设备采购，国际原材料供应变化等增

值服务。

## 二、德国物流园区的发展模式和管理机制

在德国 35 个大型物流园区中有 31.43% 的园区由政府与社会资本合办建立，其余由私人自办。其中政府与私人企业合办采用发展模式如下：联邦政府统一规划，由各联邦州及相应的市府对物流园区进行建设，并进行公开招投标，引进私人物流企业进行投资和经营。由政府主导物流园区建设模式，可以对全德国范围内进行物流园区的布局，对园区内布局、功能设施、用地规模和用地性质以及园区对产业支撑程度、园区未来发展趋势都能反复调查论证，选择合适的建设地址和规范园区的经营范围和经营性质，可以更好地为产业服务，也能有效提高所在城镇的经济和社会效益，降低无效的投资和环境污染，实现全德国的物流网络高效性。物流园区一旦建成，政府则退居后面，以不营利参股或服务部门形式为入驻园区的物流企业提供后勤保障及其他便利社区服务，实现政府搭台、企业唱戏的管理模式。

最为典型的是不来梅物流园区建设。不来梅物流园区位于德国不来梅市。不来梅是德国第二大港口城市，也是德国汽车配件生产、航空产业等工业城市，是西北部的产业和物流中心。该物流园区是典型的德国产业中心城市的物流园区，最早是德国海运和物流研究所（Institut für Seeverkehrwirtschaft und Logistik，简称 ISL）提出的建设构想。在选址时 ISL 充分考虑不来梅产业的结构，需要的原材料和产品的转运，从当地的交通情况、社会因素、生态环保因素、人口因素、物流流向和流量结构等考虑，最终选择在距离不来梅港口 20 千米处的铁路和公路主干道的交汇之处。选址出来后，由当地州政府出资，采用公开招标方式进行建造。建造成功后，进行招商引资，吸引了大量的物流企业进驻。企业进驻后进一步完善仓库建造、设施完善等。对物流园区的管理，州政府也积极参股，但不直接管理。1986 年，州政府与企业以 25% 和 75% 的参股形式，成立不来梅物流中

心发展有限公司，为园区内企业提供后勤和设施维护服务。该公司主要职能包括：进驻业务联系；信息交易；电力和动力的集体采购；报关报检；特殊货物的检疫检验；设备保养与维护；车辆检测；物流业务培训等。极大方便了进驻企业，从后勤、人才、社区服务等方面保障了进驻企业发展。

当然，园区内不同企业的设施和设备需要企业自己建造和维护，以满足企业个性化要求。

### 三、德国政府对物流园区发展的作用

德国物流园区的规划和建设离不开政府的主导作用。政府有所为有所不为的管理模式为物流园区的良性发展提供了保障。从德国物流园区的发展状况可以发现，政府的作用包括以下几方面。

#### （一）物流园区建设的主导者作用

有政府统一筹划，不但提高物流园区的质量，也能从全国一盘棋的角度去部署，减少了盲目发展和园区规模小而不经济的现象。而且政府还可以通过参股不收益方式为基础设施和园区管理提供便利，提高了企业的生存质量，减少无效的沟通成本和后勤保障费用。在宏观角度看，也保障了德国物流畅通，降低了物流成本。

#### （二）优惠政策作用

由于物流园区建设具有公益性，投资大、回收期长，单纯通过私人投资，很可能导致园区的无序发展和规模小等问题。因此，政府除了有效规划之外，还提供政策优惠支持。例如，建设好的园区，低价出租给企业，园区内的土地使用有税收优惠，运输项目可以通过 PACT 计划，实施补助或者低息贷款等。投资期长的设施，政府直接提供。周边道路规划，也由政府免费提供和实施。

#### （三）通过行业协会发挥的指导作用

德国各行业发展都离不开行业协会，行业协会制定行业标准和准则，

负责人才培训等。物流园区的发展也是如此，德国物流园行业协会前期参与国家层面的物流园区规划；在物流园区规划和建设中也积极筹划及监督建设；在后期运营过程中进行评估和发展决策。

### 四、德国物流园区发展的借鉴和启示

德国物流园区是由政府统筹规划，各地政府主持建设或指导建设，由企业自主经营；物流园区通过混合投资、政府不直接参与管理的管理模式来运行。德国物流园区的规划、建设及运行的经验对中国物流园区的规划与布局，打造全省甚至全国性物流园区，建设与区域经济相融合、园区协同发展、有现代化经营管理理念的物流园区等方面都有重要的参考意义。

（一）物流园区应与区域经济发展协同

在建设物流园区之前，一定要分析周边的产业布局情况，分析物流园区为区域经济提供哪些方面的帮助，实现物流园区与产业经济发展相融合，与城市发展相融合。位于德国巴伐利亚州的英格尔施塔特市是德国汽车制造中心城市之一，是奥迪汽车的生产总部。该市在 2019 年位列全球城市排行榜第 228 名，总人口 12.5 万人，其中奥迪员工就达到 3.5 万人。因此奥迪在该市绝对是重量级企业。20 世纪 80 年代奥迪为了改善物流条件，将一条生产线迁往东欧地区，直接导致该市 3000 多人失业。因此为了留下奥迪生产线，英格尔施塔特市政府承诺建立物流园区，就是现在的英格尔施塔特货运村。该园区为奥迪生产提供绝大多数的零部件供应，提供物流服务及相关培训。经过多年的扩建和完善，该物流园区面积达到 0.83 平方千米，建筑面积为 365 万平方米，吸引了 35 家零部件和设备供应商为奥迪企业服务。并达到了以下几方面的效果。

（1）极大保证了当地经济的繁荣与稳定。园区建成后促进了 3100 名员工就业，也保住了奥迪公司的生产，促进了奥迪发展，为奥迪提供稳定、高效的零部件服务，园区为该市创造了 2 亿欧元的年税收收入。英格尔施塔特市一举成为德国最富裕的中心城市之一，当地人也幽默地称"英

格尔施塔特市"为没有人失业的城市。

（2）提升了奥迪的生产能力和品牌能力。进入20世纪80年代后，随着社会的发展和生活的富足，人们开始追求个性化产品，客观上要求汽车企业要改变大规模的生产方式，适应个性化的需求订单方式。这对于传统汽车制造企业产生巨大的挑战。而奥迪企业因为物流园区里有大量的个性化的零部件供应，使得奥迪可以轻松拿到各种零部件，形成多个供应商为一个企业服务的模式，也就是后来被称为的"产业集聚"效应。正是有大批量的零部件生产企业和物流企业集聚在奥迪周围，才使得奥迪可以迅速地对业务流程进行重组，简化供应链流程，提高供应链的柔性和敏捷性，增加了奥迪生产的柔性和响应速度，为奥迪领先于竞争对手打下坚实的基础。

（3）提高物流增值服务。奥迪公司在对生产流程改造，提升信息化能力时，物流园区的企业也同步进行，对接奥迪信息系统。奥迪零部件需求迅速共享给园区企业，园区企业和物流企业可以先于奥迪采购决策，快速地完成零部件的采购，在奥迪下单时，零部件已经被及时提供。因此，极大减少了奥迪的采购时间和采购成本。到后来，奥迪产前环境直接外包给园区物流商和零部件制造商，奥迪专注于研发和生产，大大提高了产品竞争优势。外包业务包括零部件的采购、预加工、预组装，物流集货和分拣、钢板冲压、塑料板成型等，为奥迪实现零库存打下坚实的基础。

正是有这些增值服务，奥迪企业可以极大减少汽车生产成本，提高企业盈利能力。据奥迪企业统计，物流成本下降12%左右。而且对于物流企业来说也提高了利润率。从事传统物流业，利润率只有3%~5%，而为奥迪企业提供物流增值服务后，物流企业的利润率也提高到15%左右。可见，物流园区的建立，不但为制造企业提供高效、低成本的物流活动，也为制造企业提供增值服务。同时也促进了物流企业的发展和盈利能力，真正实现了园区与产业协同。可见，正是有了这些增值服务，物流业才成为德国的第三产业。

（二）政府和行业协会在物流园区规划、建设和运行中发挥积极作用

政府对物流园区的规划和开发进行了顶层设计，避免了各地政府的盲目跟风投资。重复建设容易产生价格竞争，不但造成社会资源的浪费，也导致物流不畅通，企业无法专注于增值服务和专业生产。

近年来，我国物流园区建设发展很快，导致重复建设、项目过小、实现利税能力太低，浪费了国家土地资源。物流企业的恶性竞争，很大一部分原因是缺乏统一规划。因此鉴于物流园区的公共性质和社会服务的功能，政府需要考虑进行统一规划，在物流园区的建设中起到主导作用。在我国对城市定位的基础上，构建合理的物流园区网络，为区域经济提供稳定高效的零部件，为销售企业提供质量可靠、快速响应的产品，不但可以提高制造企业的生产能力，也可以为销售企业提供零库存的商品供应。

同时，也要充分发挥行业协会的作用。在物流园区的规划、建设、运营过程中，物流园区协会进行跟踪和考核，使物流园区真正实现设计时的功能。协会是政府与园区联系的纽带。我国也应该充分发挥协会的能动性，对园区规划和建设、园区运营和管理，将园区考核交给相关协会，并通过协会传达政府决策和政府发展思路，为提升物流园区质量、解决物流园区的社会问题提供帮助。

# 第二节　日本物流园区发展经验与借鉴

## 一、日本物流园区发展概况

20 世纪 50 年代，日本将物流的概念从美国引进后，积极推进现代化物流的建设，在日本中心城市周边设立物流团地（相当于物流园区），为当地产业提供零部件配送业务。经过多年发展，已经建立了以各地产业为

中心的大型物流团地 24 家，中小型物流团地上千家。并将物流团地与高速公路网、铁路网、国际海上运输网、航空运输网络连接起来，形成整体化、系统化的全国物流配送体系。进入 21 世纪后，日本将成功经验复制到中国，在中国大陆建立日本电产（大连）团地、广西日本产业园等 6 个综合物流园区（图 3-2 是日本电产（大连）团地）。

图 3-2　日本电产（大连）物流团地设计图

由于经济发展的需要，日本政府决心改造传统的物流配送模式，希望发展成新兴、高效、精准的配送体系。1956 年日本派出考察团到美国进行物流方面的考察，认识到物流对国民经济发展起着非常重要的支撑作用。于是在 1958 年日本政府在通过广泛征询民意和专家学者的基础上，推动了国内物流发展规划。于 1964 年推动了物流团地的第一个法案的制定：《日本汽车中段站株式会社法》（1965 年）。此后再推动道路运输和城市配送相关的法律制定《流通业务市街地整备法》（1966 年）。随着一系列法律的实施，规范了物流团地发展的政策法规，物流团地的用地、规划等有了法律的依据。

以物流团地规划为例，1964 年日本就开始根据日本中心城市的产业布局、零部件和物流需求、产品供应等因素考虑物流团地的规划以及物流线路的规划。值得关注的是，日本在物流团地规划时就考虑到信息网络系统的规划，形成了当时独特的信息化物流团地布局和物流网络体系。

其物流团地的选址也充分考虑到中心城市的物资供应和产品流向，将物流团地设置在中心城市周边、铁路和公路交叉点 10 公里以内的地方，从而确保最少有两种运输方式保障物流。同时也能高效供应周边各城市，形成高效的原材料供应和商品供应一体化的物流网络体系。

1965 年日本正式开始筹建物流团地，在日本东京城区分别建设了 4 个团地，分别从四个方向进入东京。四个团地分别是葛西、和平岛、板桥和足立。这个被认为是日本物流园区雏形的物流团地，将原来盘踞在东京城内的大大小小的物流据点全部迁至这四个团地。这样不但可以减少重复运输，而且减少了进入东京城区的各大小车辆，减轻了交通拥堵现象。不但如此，还加快了物流周转速度，提高了物流供应速度，降低了物流成本。同时提高了城市之间干线的车辆保有量，从而提高了道路和铁路运输的效率（图 3-3 为东京葛西物流团地）。

随着日本经济的发展，城市集聚效应增大，使得城市规模不断扩大，通过虹吸效应，将周边人口吸引到大城市来，形成一个个中心城市，不但造成了交通拥堵，也造成了环境污染。因此，有必要对物流进行大规模的整改。日本政府因此制定了《流通业务市街地整备法》。该法明确要求对物流节点和线路进行优化，将物流分拨点和集散点有计划地布局在中心城市周围。1969 年日本政府决心对全国物流体系进行国家范围内的总体规划。将日本划分为八大物流区域，并进行物流区域的功能划分和物流设施建设，为现代物流系统奠定了基础，形成了以物流团地（物流园区）为中心节点的全国物流网络体系。

进入 20 世纪 80 年代后，日本政府针对旧的物流设施进行更新改造，并进一步优化物流网络、升级改造铁路货运站、港口码头、集装箱堆场及集散中心等，并加大政策扶持，更新改造一批新的物流设备，大大提高了物流机械化水平。由于世界经济的发展，人民生活水平的提升，导致对消费品需求大增，极大鼓舞了日本企业扩大生产、全球化采购原材料、将产

图 3-3　葛西物流团地俯瞰图

品销往全世界。大规模生产导致原有的物流网络不堪负荷。迫切需要对车辆、轮船等交通工具进行标准化，物流器具、物流设施也需要标准化，从而形成标准化的物流体系。同时日本工业也开始进行智能机器人的研究，注重利用自动化代替人的操作。在 80 年代末 90 年代初，各种机械化设备逐步进入物流园区，使得物流效率有了质的飞跃。例如，自动分拣、自动旋转货架、智能出入库，单元化装卸、集装箱运输等。

　　20 世纪 90 年代后，随着网络信息技术发展，日本也开始研发条码技术、射频技术，开发信息系统等。这些物联网和信息系统的研发并应用，极大加快了物流效率和信息处理速度，带动了物流的快速发展，也带动了一批先进制造技术的发展，并将日本带入智能化时代。

进入 21 世纪后，日本进一步加大物联网技术、网络技术和信息技术在物流领域中的应用，推动了智能物流团地（物流园区）的发展。例如大阪都市圈的普洛斯六甲物流园，见图 3-4。采用无人值守门禁、无人值守门禁、GPS 车辆在途监控、物流信息平台、多式联运调度等。使得日本物流园区利用率更高效，作用也更大。在日本中心城市很难看到大型集装箱车来往，路面也不像我国一样拥堵，但日本物流却悄无声息地在晚上或者非高峰期上班时间完成了企业原材料配件的配送和人们日常生活的需要。这些都得益于日本在国家层面对物流园区的规划和整个物流体系的布局。

图 3-4　位于大阪都市圈的普洛斯六甲物流园三期

**二、日本物流体制建设**

日本政府认为，物流是支撑国民生活及产业活动的一项重要功能。物流园区作为物流体系的基础设施，是一项社会属性较强的公共设施。

由于日本政府对物流的定位清晰，所以在物流体系建设前，首先着手完成物流体制的建设，通过"透过相关省厅的合作"建立"综合物流施策"。

（一）宏观管理层面

通过日本中央政府与省厅合作推动会议制度（简称中央会议）。会议由日本国家直属机构人员任宏观管理政策组组长。下设干事会，成员由各相关单位课长和企业高层组成。会议在物流发展上具有最高决策权力，通过提出会议议题，推动实施到检查，形成闭环管理。例如，推动物流标准化建设、推进物流园区提高物流园区供给效率、推动城市配送提升城市物流效率、推进无纸化报关、快速通关、一站式服务、物流系数、货车标准化等议题的实施，不但影响日本物流业发展，而且也影响其他国家，直接促进了全世界物流标准化建设的发展。

（二）中观管理层面

日本中央政府确定好物流政策后，经过推动会议审定，就要求地方政府组织实施。地方政府组织物流主管部门、高校、研究院、社会团体、交通管理部门、企业代表等方面组成物流实施推动会议（简称地方会议）。地方会议组织研讨实施方案，检查物流园区实施进度和实施过程中出现的问题。以每月一报的形式，向中央会议进行汇报，以及向社会公众公布检查情况，以保证社会监督。中央会议也会对地方政府汇报结果进行后续跟踪，形成由上而下的监管体系。地方政府为实现物流目标，也会加强与民间团体的紧密合作，保证物流政策的真正落地。

（三）微观管理层面

在物流园区建设运营方面，地方政府则采用协办的方式，给予政策支持和财政支持。企业收购私人用地，用于物流园区建设，一般都需要政府进行沟通，或者由政府收购土地后，再转让给建设企业或者物流协会等中间组织。再由协会组织管理委员会进行运营、监督、经验、改造等。例如，建设食品方面的物流园区，则由农林省指派专人或由地方政府长官担任管理机构的董事长，地方政府委派相关职能部门长官担任市场董事长，对物流园区建设进行审查、指导、检查、运营监督等。在食品配送过程中，市场董事长通过电子拍卖等方式，由中标企业进行食品的配送。真正做到建设过程、运营过程、企业经营过程都受到监督，保证了城市对食品的正常需求，也保证了供应的高质、高效，降低了运营成本。

时至今日，日本已经构建成覆盖全日本的高效的物流体系。通过现代化和全方位的水运、高速公路和铁路运输等集成，贯穿日本全境和四个岛屿。以86个物流园区为核心的物流集成、以配送中心和配送点为物流节点，像蜘蛛网一样分布到日本各地。近年来，日本物流提升了信息化应用，使得日本物流效率迅速跃居世界第一。

### 三、日本物流体系建设规划

日本高度重视物流的发展，认为高效的物流不但可以加快供应速度，也能极大减少浪费，并认为物流园区是现代物流不可或缺的部分，是现代物流的基础，是社会属性很强的公共设施。因此，日本政府对物流园区的发展极其重视，一定程度上源于对物流和物流园区定位的正确认识。从对日本物流相关政策的梳理发现，日本对物流园区的定位为：物流园区是物流现代化、信息化水平的综合体现，是国民经济发展的基础和先行部门。通过有效的手段将物流资源进行合理利用，实现物流高效作业，减少资源浪费和重复劳动，实现设施共享、设备有效利用，建立一体化的物流中心节点。

通过高效的物流园区作业，可以减少物流设施的重复建设，提升货运速度和效率、提高车辆装载率，使得设施标准化、设备大型化成为可能，从而减少大量的人力劳动和包装量。通过物流园区的共同运输，减少重复、交错运输，降低交通压力，提高装卸效率、减少重复装卸（中间装卸）、降低能耗、提高交通运输速度等。通过物流园区建立一体化的输送体系，可以使得装卸设备标准化、包装材料包装设备标准化、集装箱和托盘标准化、运输设备标准化，进而使物流园区建设也形成标准化。

尤其在食品药品安全配送领域，可以提供标准化的冷库、冷链运输，保证了食品药品对温度控制的要求。例如，日本采购美国辉瑞疫苗，需要在零下70摄氏度保存和运输。大多数国家很难保证在这个温度下进行长时间的运输，但日本却能做到。这在很大程度上归功于日本完善的物流网络体系。

由于日本土地资源和自然资源匮乏，对资源利用率非常重视。不但从思想上认识到物流重要性，而且在制定政策、监管物流园区上，也做到从上到下的重视。做到充分考虑物流园区的社会性、基础性和公共性，又充分考虑市场运作的优势，搞好搞活物流园区。

（一）进行物流的系统分类

日本将物流系统的布局分为区域内、区域间和国际物流三个部分。

区域内物流是物流系统的端点，与企业的供应物流、销售物流密切关联。主要是将企业物流合理化推进到区域物流合理化，形成战略管理，配送成为完善区域内物流的主要手段。相应的配送中心、物流中心成为区域内物流的基础节点。

区域间物流是物流系统的骨干。物流的进步主要是地域间物流的改善所推动。从企业的角度看物流的改善，首先是选择运输公司，然后是生产场地到市场之间物流中心的平衡，输送商品量的调整和形式的平衡。区域间的物流改善，目的是进行生产场地与市场及物流中心的平衡化，输送商品量调整与形式的平衡化。

国际物流包括国际间交易、储存、海洋运输、铁路运输、航空运输、邮政运输、联合运输、加工与通关等流程。由于涉及跨国界或跨政治实体的贸易行为，就需要必要的现代物流能力来应付不同的法规、法律、传统、文化和应对不同的客户群。国际物流作为国际贸易过程中一个重要的环节，其布局的主要依据是与各类港口、国际物流园区设施相互配合。

在全国各物流区域中进行区域间物流和区域内物流的分类。在各区域建设和整顿物流设施，形成物流园区和全区域的物流网络，然后将区域间通过干线运输（高速铁路、高速公路和近海运输）形成跨地区的物流系统，最后形成全国范围的物流体系，并不断完善。

（二）分类进行物流规划

在分类的基础上，根据不同类型物流系统的特点进行物流规划。例如，在《流通业务市街地的整顿法律（流市法）》中，确定东京、大阪、名古屋、广岛、福冈、仙台等共计 30 个城市为都市物流。按人口（150万~300万人口）、经济总量、运输总量、区域交通条件确定分布物流园区的数量。例如，东京为 5 个，大阪 3 个，名古屋、广岛、福冈、仙台等中等城市各 1 个，全国共计 86 个。在物流园区的选址方面，规定以都市外围的高速道路网和铁路网的交叉口为中心的 10 千米半径范围内为团地选址地点，确立了物流园区的交通优势，以及与都市内配送的衔接优势。

在建设方面，由政府规划、出让低价土地或由政府加以补助，物流团体组织投资，物流企业按专业共同使用。

由于对规模经营有总量的控制（涉及覆盖面和人口，且超过经济规模，效益反而下降），建筑用地相应作了限制，一般物流园区的用地为 20 万~50万平方米，要求向高层发展。

## 四、日本物流园区建设的借鉴和启示

（一）政府主导推进

日本政府对物流的深刻认识，使得政府在全国物流规划中起到顶层设计作用。在规划实施过程中，政府积极参与并组织会议推进物流园区的规划和建设。建设运营过程中又通过协会进行监督。因此，日本物流园区的规划建设都是在政府主导下进行的，从而保证物流园区实现合理的社会效益。近年来，在日本物流园区的信息化、智能化升级上，日本政府再一次发挥主导作用，推进了物联网、互联网在物流园区的应用。

（二）完善的物流管理体制

日本中央政府设立正式的组织结构，建立综合物流政策的中央会议，通过中央会议制定发展方针政策，并对实施过程中的物流园区进行监督、检查，要求地方会议定期上交月报和年报等方式，对物流园区发展进行全面的监督，并对现有的政策进行评估，对存在的问题进行整改等。在地方会议上，组织落实中央会议提出的政策，采用政府收购土地、低价转让等方式，让利给企业或协会。在物流园区的管理上，采用"官民协办"的方式，由地方会议策划、监督，由企业实施和经营管理。由此，形成了自上而下的政策推动机制，同时给以企业经营的自主权，达到双赢的局面。

（三）对物流园区的定位明确

日本政府一直认为，物流是支撑国民生活及产业活动的一项重要功能。物流园区作为物流体系的基础设施，是一项社会属性较强的公共设施。

对于物流体系中物流园区的功能定位，日本政府认为物流园区是有效综合物流资源，实行物流现代化作业，减少重复运输，实现设施共享，建立一体化、标准化的中心节点。

正是这种对物流产业和物流园区功能和定位的认识，促使日本政府高度重视物流体系的宏观管理和整体规划，并对物流产业和物流园区建设给以政策、资金等方面的大力支持。

（四）对物流园区进行整体规划

首先，日本政府从宏观上将物流系统的布局分为区域内、区域间和国际物流三种类型，并对三种类型的物流网络体系的布局依据、目的以及具备的条件作了详细的规划与说明。

其次，根据对物流的分类，进行宏观上的物流规划。日本政府把全国分为八大物流区域并规划了86个物流园区，通过干线运输形成跨地区的物流系统，进而形成全国范围的物流体系。

再次，建设方面由政府规划、并出让低价土地或由政府加以补助的形式，由物流团体组织投资，物流企业按专业共同使用。

最后，对建筑用地也作了相应限制，规定一般物流园区的用地应为20

万~50万平方米，提倡向高层发展。

（五）协同文化提升了物流园区的集聚效应

在日本文化当中，个人对组织和集体有高度的服从性和纪律性，员工在进入企业后基本都是终身制。因而，日本的企业大都具有较强的凝聚力。这是日本的协同文化在企业组织管理体系方面的体现。在有业务分工关系的企业与企业之间，同样有这种无形的协同文化纽带在起作用。

在物流园区内，无论是商品生产销售企业还是物流企业，都能以追求利润最大化为核心的务实的经营理念进行分工协作。比如，生产企业可以将重点放在产品设计、生产、销售等核心业务上，而把成本高、附加值低的仓储、运输等非核心业务全部外包给物流企业，物流企业本着为客户着想、为客户省钱的原则，与生产销售企业一起设计每一项产品的物流方案，最终使产品物流既快捷又省钱。而物流企业为降低物流成本，也可以将技术含量低的简单工作再次外包。随着分工、协作越来越紧密，园区内企业之间的集聚分工会逐渐呈现出规模化、集约化趋势。

# 第三节　美国物流园区发展经验与借鉴

## 一、美国物流园区发展概况

（一）大型、超大型企业集团发挥中坚力量

美国最早提出现代意义上的物流的概念，是对物流发展推进最早的国家。到目前为止，美国仍然是全世界物流业现代化水平最高的国家。但美国没有完全意义上的物流园区，而是物流商贸企业根据利益最大化原则推进各城市的物流中心（园区）的建设。在美国，物流巨头（例如联邦快递等）、大型商超（例如沃尔玛等）企业集团产业比重高、资金雄厚、业务量大，需要构建与自己实力相匹配的物流体系，将货物推向全国，甚至是全世界。因此，美国物流园区其实更像企业物流中心，不会建立平台，让大量物流公司进驻。一方面，企业实力雄厚，另一方面美国地广人稀，土地供应量大，成本低。

例如，联邦快递，在 20 世纪 60 年代就构建了强大的物流网络体系，在全美建立物流中心（园区）1000 多个，并实现规模化、独立经营。它在路易维尔建立的一个物流中心，面积就达到 2.2 平方千米，远超于我国的大多数的物流园区面积。根据世界贸易组织的统计，世界上前十大物流企业中，美国就占了 5 家。他们都拥有自己独立的物流网络体系，而不需要跟其他企业共享物流园区。

美国零售巨头也有物流中心。例如沃尔玛，在全美超过 10 万平方米面积的配送中心就有 60 多家，中小型的配送中心更是不计其数。由于其完善的物流网络体系，可以实现快速的跨州调货，能满足全美国货物的快速供应。因此对于这些巨头来说，建立自身的物流中心，更能匹配自己的业务，不需要政府指导来建立物流园区，实现园区设施共享。

对于中小型物流企业或者中小商业企业来说，尽管不能经营自己的物流网络，但借助网络平台，实现上下游企业之间的紧密合作，提供无缝的商品供应连接，也能实现商品配送。

由于美国政府干预少，而且土地资源丰富，使得美国企业在决策方面，拥有很大自主权。因此，美国对于物流园区的发展，并不像德国日本一样，政府统筹规划物流园区，而且美国很长时间公路网络和高速公路网里程世界第一，目前也是排世界前三。由于便利的交通，土地资源丰富，使得美国企业选择配送中心地址时，更注重考虑成本和效益，更加有利于企业的布局。

（二）多式联运发达

1. 构建陆地公路铁路联合运输

由于早期美国对铁路和公路的大量投入，建立了以各州各市为据点的铁路货运场和公路货运站。一旦物流园区建立，就需要公路和铁路联合运输完成远距离的运输和近距离的公路运输。通过国内物流整合，美国公路和铁路完成了国内货运为主体的公路铁路联合运输业务。

2. 构建国际海陆空联运

在国际货物运输过程中，普通货物的海运和公路铁路联合运输，能够快速地将国内货物运往世界各地；同时也可以快速地将国际货物运往美国国内，并通过公路铁路联合运输到国内各地。例如，美国中心城市洛杉矶，就是集装箱交汇点。该市有 3 条铁路干线通往其他地方。海运集装箱在此卸货后，通过铁路到纽约的时间只有 5 天。快件则通过航空运输和公路运输的方式运往世界各地。

3. 大力应用物流技术和信息化技术

美国通过应用条码技术、互联网、物联网及装卸、联合运输，提高信息化和机械化水平，减少人力操作，提高装卸速度和单证处理速度。同时不断进行工艺流程改进和科学实验，将货物进行包装标准化和托盘化，货车和列车也进行改进，适应集装箱规格，从而提高物流园区的装卸效率、运输效率、流通加工效率等。

## 二、美国物流园区的发展模式和管理机制

美国在物流园区发展和管理方面更具优势的是大型物流企业的建设培育。资料显示，目前世界前十大物流企业中，美国有 5 家企业上榜，包括联邦快递（FedEx）、联合包裹服务（UPS）、Ryder、泛亚班拿（Panalpina）、EXCEL。这 5 家企业收入占了前十大物流企业的总收入的 2/3。

美国在物流组织与管理水平以及物流基础设施建设等方面都取得了较高的成就。美国物流业不但有联邦快递（FedEx）、联合包裹服务（UPS）等世界著名的大型专业化物流企业，更出现了像路易斯维尔等著名的物流业较为发达的城市。路易斯维尔（Louisville）是美国肯塔基州的最大城

市，具有良好的物流发展条件，当地物流业的氛围很好，有许多著名物流企业进驻。当地物流企业规模庞大，不断新增物流企业，且物流企业信息化和自动化程度很高，企业仓库内普遍使用条形码、电子数据交换、自动存储与提取系统、甲骨文大型数据库、仓库管理系统等信息化管理技术及叉车、升降车、传送带等自动化设备，管理水平和运作效率都很高。

除此之外，美国的物流业已经不只局限在美国本土，许多大型跨国物流企业（例如，美国普洛斯集团，如图3-5所示）已经把物流网点建立到世界各地，庞大的现代化综合物流网络有利于资源优化配置，更加符合美国全球化的物流发展战略。

图3-5　美国普洛斯集团

作为美国优秀的物流企业代表，普洛斯不但在物流设施设备上优势显著，还普遍具有规模大、高机械化、作业量大、适应业务范围广的特点。再如美国第一大物流企业 UPS 公司，其总部位于美国佐治亚州亚特兰大市，是美国第九大和世界第十一大航空公司、全球最大的包裹速递公司，以及世界十大物流集团之一。根据福布斯 2020 全球品牌价值 100 强排行榜，UPS 公司排名第 48 位。目前，业务遍及全球多个国家和地区。在全球多个国家建立了多个配送点，包括地区性物流与技术中心、策略性仓储基地、重要零部件仓库、冷冻仓、保税仓等。

### 三、美国政府对物流园区发展的作用

为了支持建设物流园区，美国政府制定了一系列优惠政策吸引企业投资，通过完善的物流网，可以让物流企业各施所能，建立适合自身发展的物流园区。美国得克萨斯州第二大城市圣安东尼奥市，是美国与加拿大的贸易走廊。为吸引物流企业进驻，提出了入驻该市可以在前10年不需要缴纳财产税，对运输企业实行免征财产税等一系列优惠税收措施。吸引了物流巨头纷纷进驻，在此设立了物流中心。

就运营模式而言，美国政府主要采取自由发展的政策，所有的任务都交给社会团体来运营。同时，美国政府对绿色物流也极为关注，2019年美国国家科学技术委员会在《国家运输科技发展战略》中提出美国建立绿色环保的物流网络，要求到2025年形成安全、高效、绿色的物流网络，大力加大信息化和智能化投入，建成国际性的综合物流配送中心，为美国物流园区发展在绿色环保、智能化、信息化方面提出新的要求。

### 四、美国物流园区发展的借鉴和启示

#### （一）各部门协同管理

尽管美国通过市场行为让企业根据自身需要建立物流园区，但它仍然在宏观管理和基础设施建设方面提供所需的帮助。在机构设置上，美国尽管没有统一的机构来管理物流园区，但会通过联邦政府下设各职能部门密切合作、共同管理。例如州际商务委员会管理公路铁路运输，联邦海运委员会管理海运，联邦能源委员会管理管道运输。运输工具和运输路线运营分别由交通安全管理局管理公路运输、联邦铁路局管理铁路运输、联邦航空局管理航空运输、联邦海运管理局管理海运业务。这种矩阵式管理格局，似乎形成多头管理，但在联邦政府及会议的统一指令下，运作非常高

效，不但不影响物流园区的正常运营，而且还能将存在的问题或需要解决的问题快速传递到联邦政府。

## （二）健全的物流法制管理体系

美国不厌其烦地将各种政策法制化，拥有一套成熟的立法体系。在物流园区建设过程中也有一套成熟的法律体系。完善的法律体系可以使企业在物流建设和物流园区建设过程中避免很多争端，也简化了审批流程，提高了决策速度。1966 年，美国就印发了《航空规制缓和条例》，允许私人飞机或航空运输公司可以利用航空线路进行运输，减少政府临时干预。1980 年，在公路和铁路运输方面，美国政府印发了《公路运输规章制度法案》和《铁路运输法》，规范了在公路运输和铁路运输过程中，承运人需要承担的义务和享受的权利。到 20 世纪 90 年代，集装箱运输业务的兴起，多式联运也进一步完善，需要在运输方式、多式联运、集装箱运输系统、统一费用等方面进行统一。美国在 1991 年印发了《多式联运法》《集装箱运输法》《协议费率法》等，从法律上明确了集装箱和多式联运的地位、操作规范等。为配合这些法案的实施，还印发了《公路运输改革法》《航空运输法》等，为多式联运在美国推广扫清了道路，降低了美国政府对物流的约束，并增加了自由竞争保护力度，为美国在物流园区建设和物流运输过程中，减少了不正当竞争，提高了物流活力。

## （三）大型、超大型企业集团发挥重要作用

美国之所以不需要政府出面设立物流园区，是因为发挥了美国大型物流公司和大型商超集团的作用。由于美国有比较完善的信用体系和贷款体系，美国物流公司和商超集团拥有雄厚的资金或者信用贷款来构建自己的物流园区。这些巨头一方面拥有大量的资金和发达的配送网络，另一方面根据自己的需求，合理构建配送中心或物流园区，更符合业务发展的需要。正是通过私人投资和运营，美国的物流体系更加活跃，调整方式更加灵敏。而且通过合理竞争，使得物流园区发展更加合理、更具现代化，也能及时跟上信息化、智能化发展方向。

## （四）物流行业协会起到辅助作用

跟德国一样，美国行业协会在各行业中具有重要的作用。美国的物流协会尽管不是官方性质的，但由于其成员是行业巨头和利益相关者。因此物流协会在物流园区的建设和运营方面，具有不可或缺的作用。在物流园区和货物集散过程中，涉及物流概念、活动过程和业务规范等标准的制定和执行，都需要物流协会完成。例如，供应链管理协会，将供应链方面的概念和流程标准化，企业需要按这些概念和流程制定职能部门，制定工作标准，并严格执行，否则将受到行业的惩罚。在国际运输方面，如国际物流协会，就制定多式联运、集装箱运输、港口码头的操作标准，进出口运输企业和国际贸易企业都必须遵守这些标准。

物流协会还有主办物流年会、编制物流统计年鉴的权力，也拥有丰富的物流资源信息。物流企业必须加入协会才能共享这些信息，也必须遵守物流协会相关标准和规定才能够获得相关指导，例如，信息化和职业教育等培训和指导，获得最新的理论指导等。这些资源信息都是推动美国物流业掌握最新、最前沿概念和技术的原动力。

美国物流协会也与高校合作，对物流人才进行培训。将最新知识和理论融入美国物流专业教育体系中，可以使美国学生及时掌握相关理论和各种成功案例。在提高毕业生就业能力的同时，也为企业实践最新理论提供设计者和实施者。

总之，美国尽管没有统一的机构对物流园区进行管理，但通过立法、矩阵式管理结构、充分发挥行业协会的优势，使得美国物流业长期保持领先优势，而且提出和应用先进理念和知识体系，这些都是其他国家值得借鉴的。

# 第四章

# 国内中心城市物流园区发展与初步经验

## 第一节　我国物流园区发展概况

### 一、总体规模

我国物流园区的发展情况，一般由国家委托中国物流与采购联合会（以下简称"中物联"）进行调查，每 3 年一次，采用分层分类调查的方式。最近一次调查是在 2018 年，调查结果显示，达到园区标准的共计 1638 家，比 2015 年多了 428 家，增长了 35.37%。根据中物联估计，三年来，各类物流园区的数量年均增长 10.7%。在 1638 家物流园区中，正在运营的有 1113 家，占比 67.9%；正在建设或者在维护更新的有 325 家，占比 19.8%；正处于规划阶段的 200 家，占比 12.2%。2021 年是中物联的第六次调查，预计符合条件的物流园区达到 2000 家以上。

### 二、地区分布

物流园区作为产业集聚的外在表现，其发展和功能布局等都与区域经济发展紧密关联。相对于比较发达的东部和南部地区，目前物流园区主要集在中国东部地区，而中西部近年来随着经济发展、产业规模的形成，也在不断增加物流园区。

从中物联的调研数据来看，物流园区总数最多的前 3 个省份分别是山东 117 个、江苏 102 个、河南 97 个。而从正在运营的园区来看，运营园区数量最多的前 3 个省份分别是江苏 91 个、山东 86 个、浙江 70 个。可见，河南和山东在建的物流园区比较多。相对于东部地区密集的物流园区，西部地区还比较少，西藏、青海只有不到 10 个。另外由于海南面积较小也不到 10 个物流园区。

## 三、等级划分

根据 2013 年国家发改委对物流园区的规划和布局（见《全国物流园区发展规划》），物流园区可以划分为三个等级。该规划将中心城市达到规模以上的物流园区划分为一等级，有 29 个城市布局了一级物流园区。布局了二级物流园区的城市有 70 个。而三级物流园区的条件和数量则由各地级市自行定义。

经中物联调查，全国 1113 家在运营的物流园区中，有 652 家分布在一二级物流园区布局节点城市，占比 58.6%。表明物流园区布局符合区域产业发展的需要，物流园区与区域产业形成互动效应。

## 四、规划布局

2018 年的调查结果显示，企业对物流园区布局没有充分考虑物流中心节点或者紧密结合区域经济进行。全国约 80.2% 的物流园区选址以公路交汇点或者公路运输为主，而以铁路、海运或者航空运输布局的物流园区只占 19.8%。其中以铁路货运站为主导运输的物流园区占 10.9%，内河、海运和航空为主的物流园区分别只占 4.2%、2.6%、2.1%。这与以德国政府为主导的物流园区建设相比，我国物流园区更多呈"野蛮生长"态势。

当然近年来，政府也注意到了这些问题，开始集中整治物流园区，例如有条件与铁路货运站相连的，进行改造和重新规划道路，尽量将园区与铁路货运站连通起来。据中物联统计，在建和运营的物流园区中，有26.4%正在进行此项改造。

如果按国家标准《物流园区分类与规划基本要求》（GB/T21334-2017）对物流园区的划分来看，物流园区可以划分为货运服务型、生产服务型、商贸服务型、口岸服务型和综合服务型等5类，对应占比分为12.3%、17.1%、5.5%和60.67%。可见我国物流园区主要还是针对国内运输和区域产业进行分布的。近年来随着电商的发展，以京东亚洲一号仓为代表的新型物流园区崛起，未来快递型物流园区占比将会进一步扩大。

### 五、开发建设

#### （一）用地情况

从物流园区的用地状况看，2018年中物联的调查显示，57.7%的物流园区是在政府规划土地或者预留土地上开发的；由企业规划并申请土地占40.2%；还有2.1%是在其他情况下进行开发的。

#### （二）园区规模

由于大多数物流园区没有政府统一规划和主导建设，因此我国微型物流园区（面积不足0.3平方千米）占比达到一半以上，达50.4%；占地0.5平方千米以下小微型（包括0.3平方千米）达到64%；占地1平方千米以上10平方千米以下的中型物流园区10.9%；占地10平方千米以上的大型物流园区却不到1%。

从运营面积来看，根据《物流园区服务规范及评估指标》（GB/T 30334-2013）（以下简称《规范》）定义，物流园区中的主要指标是物流运营面积占比，它是衡量物流园区利用率的关键指标。主要指物流园区中用于物流仓储、流通加工、道路、货车停车场、装卸搬运、运输配货、一线办公场地等面积占整个园区面积的比例。规范要求物流运营面积不得低于 50%。从 2018 年的调查结果看，62.7% 的物流园区达到了此要求，仍有 37.3% 的物流园区因为功能设置不规范导致达不到占比 50% 的要求。可见，如果严格按规范要求各物流园区，那么 1/3 以上的物流园区需要进行改造。

（三）经费投入

从经费投入来看，调查显示，物流园区平均投入为 14.5 亿元。但 46.9% 的物流园区投资偏少，为 1 亿~5 亿元。5 亿~10 亿元的也仅占 20.5%。而且从地区分布来看，每个地区的差距不大，都是小额投资占比较高。例如，在东北地区投资 5 亿元以下的物流园区占 72%，10 亿以下的物流园区占比高达 93.7%。只有不到 7% 的达到 10 亿以上投资。

（四）信息化建设

2018 年中物联的调查显示，从信息化程度来看，仅有 8.2% 的物流园区达到了企业信息化平均值。49% 的物流园区在信息化设备投资中占物流园区总投资金额的 5% 以上，超过一半的物流园区对信息化投资占比 5% 以下。

而从电商物流园区来看，入选"国家智能化仓储物流示范基地"的电商快递的物流园区，京东、顺丰和菜鸟等 10 家企业信息化投资占比远超 25%。与之相比，其他传统的物流园区信息化投入差距较大，有巨大的发展空间。

（五）运营管理

在对物流园区的管理方式上，大多数是企业自主经营，很少受到政府和协会的干预。据统计，自主经营的物流园区占 70.1%。通过政府设立管委会进行管理的园区占 27.3%。其余物流园区则通过委托经营的方式，或者承包方式由第三方进行管理。

### 六、服务功能

根据 2018 年的调查结果，物流园区的主要服务功能集中在仓储、运输及分拣等传统物流服务，但也正在向物流金融、信息平台建设、国际货物的集散等方面发展。据调查分析，仓储占地比例最高，有 22.7% 的物流园区仓储面积达到 5 万~10 万平方米区间，仓储面积 10 万平方米以上的物流园区占总数的 50%。可见，大多数物流园区主营业务仍是仓储。

从车辆进出调查来看，我国物流园区高峰日平均每天进出打卡的货车数量为 365 辆，可见业务处于繁忙状态，当然由于没考虑到车辆的大小，无法估计车辆的进出货量及装载率水平。

从建立公共信息平台来看，大部分的物流园区都建有公共信息平台（主要是很多物流园区是单一企业进驻的，或者少数企业进驻），占比达 70.4%。从地域来看，东中部比西部的公共信息平台建设程度要高。但从信息化程度或质量水平来看，总体情况比较一般。物流园区的公共信息平台主要集中于货物跟踪和物业问题投诉和处理方面，只有少量的物流信息发布、信息交换等。支付结算、融资、保险、报关报检等功能方面非常少。总体上看，有 50% 的公共信息平台提供的服务不超过 4 项。仅有 11.6% 的信息平台服务功能比较齐全，超过 10 项，但信息更新速度平均时间 5~7 天。可见大多数物流园区的信息化质量不高，服务企业能力不足。

随着贸易国际化程度提高，很多物流园区业主开始考虑进行功能拓展。比如，提供转运、国际贸易信息，吸引货代企业、报关报检部门和企业、流通加工、金融服务企业进驻，也开始注重社区设施的布局。目前来看，50% 以上的物流园区开始布局以上功能以吸引相关企业和部门，有 30% 以上的物流园区增加了金融服务，有 17% 的物流园区进驻了税务、工商、海关等部门，23.5% 的物流园区可以提供国际货物运输和集装箱业务，有 30% 以上的物流园区可以为全国 26 个省份以上提供物流运输和快件服务。

另外，在国家政策的推动下，物流园区开始注重绿色物流发展模式，要求进驻的物流企业使用电动货车，减少包装使用污染等。从新能源汽车使用和配套设备调查来看，35.4%的物流园区使用了太阳能加气站或者充电桩，尤其在中心城市或者一二线城市，要求进驻物流园区的物流企业在城市配送上均要求新能源汽车进行配送。

从进驻的企业类型来看，大多数物流企业功能较为单一，例如，以运输为主的物流企业在物流园区完成集散货业务后，主要进行运输，因此要求的停车服务高，对仓库要求低。对于以仓储为主的物流企业，对仓储质量要求高，对分拣集散货要求没那么高。因此对于这些功能要求单一或者少的企业进驻较多的物流园区管理，更应注重科学合理布局规划，保障物流园区的总体使用率。

对于一些复合功能或者综合功能强的物流园区，要求物流园区配备配套设施更多，如信息服务、金融保险、政府相关职能部门（报关报检等）进入等。

随着绿色生产和绿色出行要求升级，要求物流园区加强对货物检查，对"黑货"的储存和运输，要求远离中心城区。根据调查，目前物流园区平均流转的商品品类中"白货"比例较大，主要包括食品、日用品、农副产品、家电产品等。这表明物流园区的主要业务在消费品。

在反映物流运营质量的物流强度指标上，各类物流园区的平均强度在2017年达到432.9万吨/平方千米，属于中高强度。从类型上看，运输服务型物流园区强度最高，达到超过550万吨/平方千米。这是因为运输服务型物流园区主要是货物集散运输，货物流转速度快。而商贸服务型园区需要在货物进行存放和分拨，货物流转速度慢，所以物流强度也最低，不到400万吨/平方千米。

## 第二节　中心城市物流园区典型案例

### 一、上海京东亚洲一号仓物流园

京东亚洲一号仓在我国中心城市均有布局，例如，北京、上海和广州等。其中最为典型的是上海京东亚洲一号仓物流园，该物流园位于上海嘉定区，是我国甚至是亚洲范围内，最大的单个企业物流园。园区内拥有高度自动化的设备，包括 AS/RS、自动分拣系统、自动分拨系统、仓储系统等，大大提升了物流园区的智能化水平，从而提高了物流效率和效果（如图 4-1 所示）。

**图 4-1　上海京东亚洲一号仓外景**

（一）园区基本概况

上海京东亚洲一号仓物流园（以下简称"一号仓"）建设之初就设立了两期建设，总体规划面积为 20 万平方米，其中一期 10 万平方米，主要用于中型快件的储存和配送，目前已经正式运营。每天平均处理量为 10 万单普通客户的业务。在库存方面，最大可以容纳 10 万件的中型快件的标准量，即可以同时储存 430 万件左右的商品。一号仓的一期可以分为 5 个区域，包括自动化仓储区、阁楼型自动化分拣区、人工分拣区和出货打包区，以及一定量的破损货物、不合格货物临时存储区等（如图 4-2 所示）。

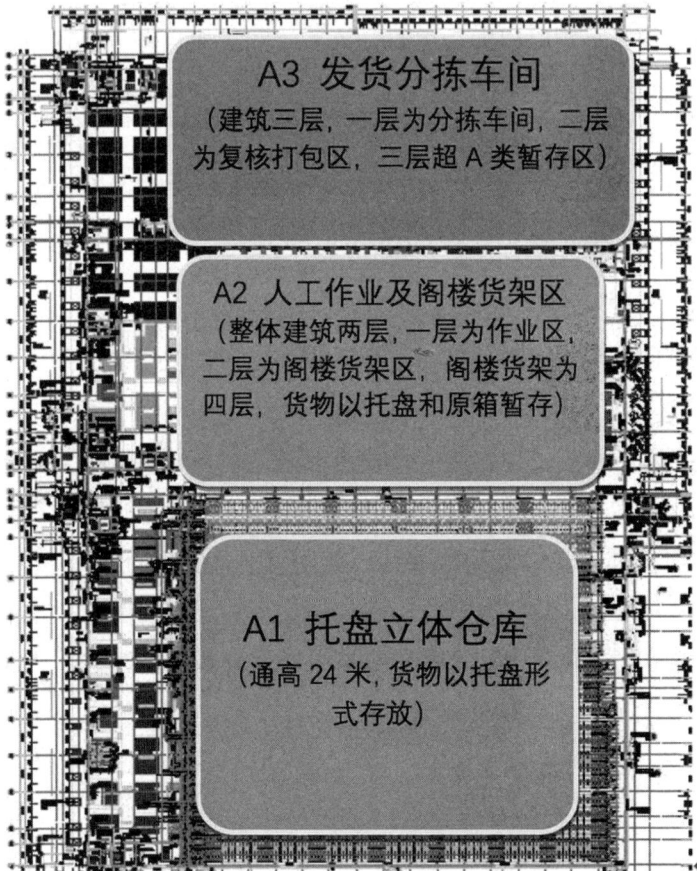

**A3 发货分拣车间**
（建筑三层，一层为分拣车间，二层为复核打包区，三层超 A 类暂存区）

**A2 人工作业及阁楼货架区**
（整体建筑两层，一层为作业区，二层为阁楼货架区，阁楼货架为四层，货物以托盘和原箱暂存）

**A1 托盘立体仓库**
（通高 24 米，货物以托盘形式存放）

图 4-2 （一号仓）布局示意图

一期有 3 栋物流建筑，分别用代号 A1，A2，A3 表示。其中 A1 栋专门作为立体仓库使用，高 27 米，货架高 24 米。采用自动堆垛方式，因此货物需要以托盘为单元进行堆放。立体仓库内分两块区域：第一块区域是储存区，占 80%面积；第二块区域是拣货区，占 20%面积。储存区有 14 个巷道，每个巷道左右两边各两列货架，每个货架 12 层，共计 37000 个货位，可容纳 74000 个托盘。托盘采用标准托盘 L1200 * W1000 * H250mm，货物平均堆高 1100mm。拣货区有 8 个巷道，共计 17000 个货位。货位不放托盘，放储物篮等方式，方便自动化分拣机直接取放货物。A2 栋则是人工作业区及楼阁货架自动分拣区。人工作业区主要对特殊不规则货物的分拣，或者自动分拣难以识别货物的分拣。楼阁货架自动分拣区有自动提升区及自动流水线方式在 A1 区取货补货。A3 栋是分拣车间及不合格产品临时堆放区。A3 栋也分为三层，第一层为发货车间，将上面分拣好的货物进行打包，自动配货。第二、三层是分拣货物区，将不同货物进行自动分拣。三层区域均通过输送设备连接起来，形成整体。

（二）运转流程

物流园区科学设计运转流程，具体如下。

1. 收货流程

仓储管理信息系统根据供应方提供的供货单进行自动计算，算出需要多少托盘，哪类货物，哪些库位可以提供储存，需要安排哪些设备进行装卸等。一切计算完毕，进行单据下达，分派给仓储部和装卸部、包装部等，进行货物装卸、托盘装载、打包加固，最后通过自动补货设备存入仓库。自动化仓储可以更合理地使用空间及自动化设备，减少了人工搬运操作，提高了入库效率（如图 4-3 所示）。

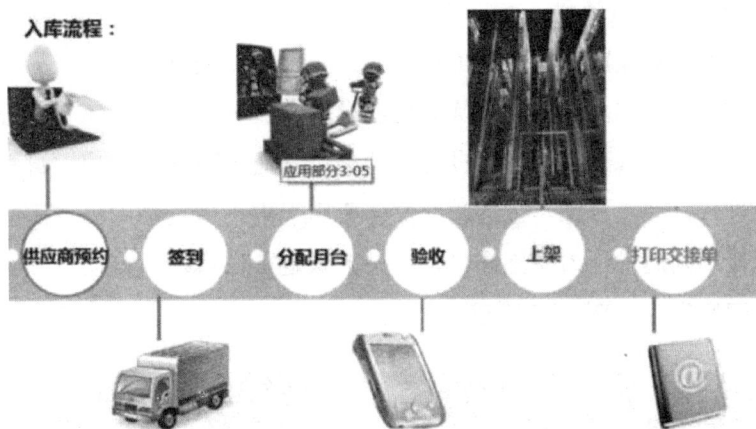

图 4-3　收货流程

## 2. 存储流程

仓储部和装卸部接到仓储管理信息系统的单据信息后进行决策，将普通货物放置 A1 储存区，中转货物及临时促销货物则放置 A3 阁楼自动分拣区或 A3 人工分拣区（如图 4-4 所示）。利用自动化分拣系统自动补货或者特殊货物的人工补货。

图 4-4　阁楼货架存放区

### 3. 拣选、补货流程

上海亚一物流园区有两种拣选方式，一种为阁楼货架拣选，另一种为托盘立体仓库拣选。阁楼货架拣选是通过叉车、提升机及立体仓库进行补货。楼阁式货架拣选跟亚马孙自动拣选类似，通过下达出货单，自动堆垛机系统进行自动化分拣。拣选速度快，适用于中小型货物的出入库。而托盘立库拣选则通过出入库拣选单，由人工确定货位后，由自动化堆垛机进行出入库操作（如图4-5所示）。

图4-5　立体仓库存放区

### 4. 复核包装流程

拣选完毕的货物通过自动化输送设备输送至包装区，人员进行出库货物信息复核及打包贴标，包装区分6个区域，每个区域单独一条输送线进行供货，在供货之前先进行一次分拣，将每个区域的货物流量平均，复核包装完毕通过下坡皮带机输送至分拣区域进行分拣发货。皮带传送机总长6.5千米、最高速度达2米/秒。皮带传送机布满空间位置，将空间充分利用，而且传送机有分流和合流之处，能正确识别需要分流货物和合流的货物，拣选速度与其他公司单独分拣没什么差别，又节省了设备投入和空间使用（如图4-6所示）。

图 4-6　复核包装区

5. 分拣发货流程

复核包装完毕后，货物被输送至一楼分拣区进行分拣，通过交叉带分拣机进行分拣动作，共6个供包台，对应楼上6个包装区，135个分拣口，对应上海地区及周边区域发货口（如图4-7所示）。

由于采用合流和分流形式的皮带分拣系统，中型包裹分拣能力大大加强，速度高度2.2米/秒，每小时可以处理2万件货物，而且分拣识别度非常高，达到99.99%。在节能方面，也注重考虑利用重力，构建了135个滑道，减少通过滚动槽方式进行输送。

发货车辆有两种，一种为小型车配送上海市内区域，另一种为板车配送周边区域，故发货月台也设置两种形式进行兼容。

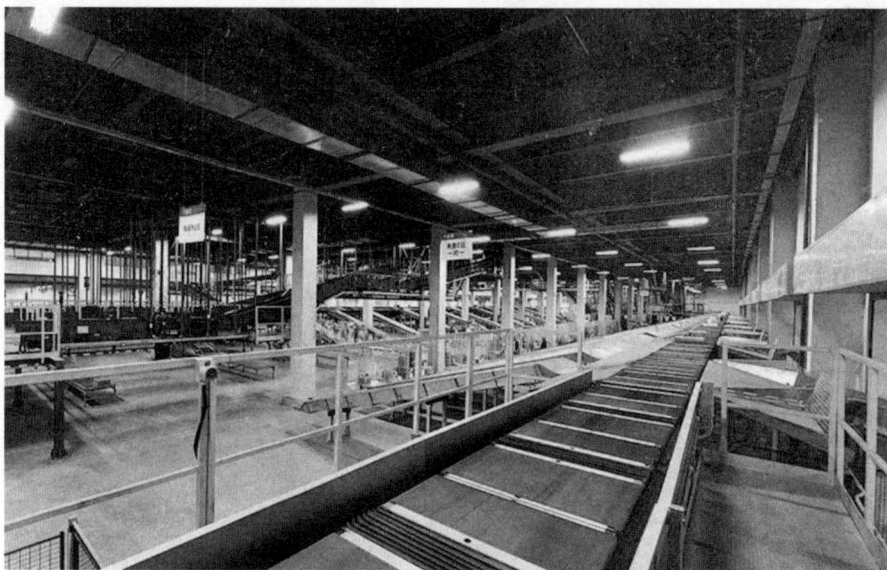

**图 4-7 交叉带分拣机整理发货区**

## （三）主要特点

### 1. 基本实现自动化、智能化

一号仓尽管才建了一期，但其自动化和智能化程度达到亚洲最先进水平。自主知识产权的仓储管理信息系统、分拣和配送信息系统的应用，与智能化和自动化设备完美链接，形成了智能仓储系统，也称为"无人仓"。整个物流园区在立体存储方面使用自动化堆垛机，分拣方面使用自动化分拣、在流通加工和包装处采用自动包装和托盘打包技术，在识别方面采用二维码等物联网设备识别等，都体现了该园区的自动化和智能化水平。目前分拣处理能力也位于世界前列。

无人仓的自动化、智能化设备覆盖率达到 100%。由于快件物品的多样性和不规则性，导致很难实行自动化分拣，贴的物流标签的货物大小不一，读取设备又固定，很难读取到太高或者太小的货物。而一号仓通过柔性臂设备和智能设备系统可以解决这些问题。通过 8 组穿梭堆垛机同时作业，日均处理订单 20 万件，是人工效率的 10 倍以上，而且差错率极低，基本上为 0。这些都是人工无法比较的，也是其他现代化仓储难以达到的。

（1）自动收货技术

通过仓库入库口轨道与伸缩皮带机配合，通过激光 Slam（选择性激火熔化）导航的无人叉车，自动卸货；利用 RFID 技术检测验收，分配入库巷道；机器人通过视觉验收模块，识别商品的条码；据视觉验收识别的商品信息，试算系统码垛规则，用机器人将成功通过视觉验收的商品码垛到周转箱内，并通过输送线自动入库上架。

（2）自动存储技术

采用穿梭车立体仓库系统（Shuttles AS/RS System，SAS）。穿梭车可以同时作业，最多 8 辆车同时作业。SAS 系统主要由自动化补货系统、自动化分拣系统、自动化堆垛机、分流合流混合的输送机设备及仓储管理信息系统、自动分拣信息系统等软件系统构成。根据商品出库频次、存储数量、存储逻辑区、巷道的存量和忙闲程度等分配合理货位，将货物进行集中存储，通过穿梭车及提升机进行储存及出货，见图 4-8。

图 4-8　立体仓库系统

（3）自动拣货技术

使用二维码导航及惯性导引搬运 AGV，实现货物仓储区至分拣区的无人化搬运。传统的物流标签识别终端固定在分拣系统一侧，不同规格货物很难统一识别到，而京东一号仓则采用 ZigBee 系统，利用机器人扫描识别，远比固定二维码识别终端要高。而且通过机器手臂抓取特殊规格的货物，减轻了人工分拣劳动，又提高了速度，减少了错误识别。商品通过输送线上的视觉复核扫描，确认商品无误，根据优先级顺序匹配订单。

（4）自动打包与智能耗材推荐技术

此项技术是通过自动对接打包机供件口，匹配订单发票信息、购物清单信息和包裹标签信息，打印投放发票、完成自动包装、打印并粘贴包裹标签。传统的自动打包必须符合货物包装标准，不规则的包装货物很难采用自动打包方式，而一号仓则通过自动识别，并计算合适的包装材料，进行自动包装。从而减少了人工，又提高了打包的速度，降低了包装物的损耗，减少耗材浪费。

（5）从供包到装车实现全流程无人化

仓内打包好的货物传送到分拣中心后，使用分拣 AGV、交叉皮带分拣线或者分拣机器人进行全自动分拣。考虑到货物的特殊性或规格不一致性，分拣系统采用不同型号的装卸设备同时执行任务。分别抓取中大型、中型和中小型货物，而且装卸设备同时可以识别一维码、二维码和三维物体，通过红外线测距仪计算货物的大小，从而保证每种货物都能准确识别和分拣。

（6）大规模系统集成技术

该项目应用了物流行业内最先进的大型设备，并自主研发仓储管理信息系统、装卸信息系统和分拣配送信息系统等，将软硬件集成起来，形成一体化的自动仓储系统。

2. 创新作业模式

京东亚洲一号上海智慧物流中心创新性应用"立体仓库在线拣选和中件一件一包裹"的生产模式，并且自主集成整个智能化、自动化智慧物流中心。这两种创新作业模式极大地提高了中件商品订单生产效率。

（1）立体仓库在线拣选

立体仓库的最大特点是大批量存储，按传统做法，需要将立体仓库存储货物补货至普通拣选位，然后再进行商品拣选。而立体仓库在线拣选是在立体仓库内设置拣选平台，本项目是 8 层拣选，通过立体仓库拣选位就近拣选，直接投放输送线，有效地减少了补货作业，大大提高了拣选效率，提升了整体订单的生产效率。

（2）中件"一件一包裹"生产模式

中件商品体积较大，按传统作业方法，需要将一个订单内的商品集齐后，根据情况，包装至一个或者多个订单包裹。而中件商品"一件一包裹"模式无须等待订单内商品集齐，每个商品到打包台后，就可进行复核包装，集齐功能在末端配送站点完成。这种模式节省了订单集齐时间，提高了复核打包的效率并简化了分拣中心作业，大大提高了整体订单生产效率。

3. 向绿色智慧物流发展

（1）包装耗材方面

京东自主研发了可二次利用的京东防撕袋，消费者在拆开包裹后，快递袋可以多次使用。包装袋还可以降解，这也降低了对环境的污染。将包装胶带的宽度由 0.053 米缩短至 0.045 米，2016 年减少至少 1 亿米的胶带使用，可绕地球 2.5 圈。防撕袋已获得多项国家专利。京东还自研纸箱回收系统、制定回收纸箱标准等。

（2）建筑和设施方面

物流园区建筑采用绿色节能材料。建筑主体隔热、保温，屋面和墙面内保温厚度均不小于 0.05 米。自然采光，库房屋面采光带比例约 3%，外墙设置通长高窗，通风良好。室外场地采用透水砖。推广使用微波感应 LED 照明，比传统灯具用电节约 60%。应用太阳能集热和发电。在仓储屋顶建设分布式光伏发电系统，有效减少能源消耗和二氧化碳排放。光伏发电系统是将太阳能有效转化为电能，供给智慧物流中心日常用电需求，富余电量可回馈至电网，为社会创造清洁绿色能源。

## 二、顺丰电商产业物流园（天津项目）

### （一）园区基本情况

该项目位于天津市市区与滨海新区的交界处，临近机场，处于外环东路东侧，周边有外环路、机场北路、津汉线、宁静高速和津滨高速，交通十分便捷，距天津滨海国际机场约 1000 米，距津滨高速约 1000 米；距外环路仅 500 米。项目占地 200000 平方米（300 亩），总建筑面积 20 万平方米，一期建筑面积 9 万平方米，二期建筑面积 11 万平方米。

项目包含全自动分拣中心、智能无人仓、智慧云仓、车辆港、无人驾驶试点、跨境电商总部基地、供应链金融、大数据、孵化器、传统企业转型升级示范基地及服务配套等。项目全部建成后，将实现每年 500 万吨/平方千米的物流吞吐量，全自动分拣设备年处理量 5.4 亿票，日均 150 万票。

该项目的投入，给所在区域带来了巨大的经济和社会效益，具体表现在以下几方面。

1. 经济价值

打造了区域物流核心节点，降低了物流成本，提升了物流效率，空陆联运比单纯公路运输成本可节约 30%以上，比单纯航空运送节约 50%以上，促进了天津市物流产业快速发展。

2. 社会价值

带动配套产业协同发展。项目通过大力发展航空物流、跨境电商产业，有效带动运输服务、信息技术、包装、现代服务等配套产业联动发展。同时，项目新增 3500 个工作岗位，提升了区域整体的就业水平；项目还将为政府带来长期持续的税收收益、供应链一体化转型效益，通过优化物流、电商产业结构和高效利用有限资源来降低社会物流成本、提高社会生产效率，实现节能减排和提高城市竞争力。

3. 公共服务价值

该项目建设了开放的社会化服务平台，满足区域企业客户群的多元需求。一是面向社会提供生产性服务配套，如车辆港、共享仓储设施、共享货车、共享停车场、运单信息查询系统、大通关服务配套等，有效服务天津空港航空物流的上下游企业；二是面向社会提供生活性服务，如便捷的住宿、餐饮、社区商业等综合配套，提升了入驻企业满意度，并满足了周边客户群的相关需求。

（二）园区特点

1. 打造高效运行的车辆港，保障内外部交通便利

园区通过规划合理的交通线、设置多元的停车区以优化园区内外部交通，充分保障装卸货物车辆有序停放、顺畅通行。如车辆缓冲区：在园区内规划多个专用停车场，以满足高峰时刻货运车辆停放需求，缓解周边干线交通压力，避免公共交通拥堵。共享停车区：为入园企业提供公共停车区，可满足多个企业不同时间维度的车辆停放需求，提高停车场利用率。交通动线：尽可能遵循"单向右行"的原则，避免车流相互交叉，并配备醒目的指路标志。

通过顺丰超强的整合货源和车源的能力，打通线上线下，帮助入园企业进行车货匹配，提高企业运输时效，降低物流运输成本。货少时补货，货多时配车，实现满载运行，充分提高车辆利用率。促进入园企业之间的车、货合作，最大限度地降低各自的物流成本。

2. 打造智能运输技术应用试点——无人驾驶项目（新能源汽车）

对接世界前沿科技，打造以无人驾驶为主的新一代智控一体的运输网络，构建面向未来的、高效快捷的运输体系。物流无人驾驶主要应用方向在园区慢速车、干线卡车、市内循环车。

物流园区打造数字物流地图，完成车辆的动态管理和货物的合理调配，充分发挥顺丰"数据灯塔"的技术优势（数据灯塔是顺丰面向企业客户的统一数据服务平台，也是快递行业首款大数据产品），通过运用智能标签、无线射频识别（RFID）、电子数据交换（EDD）技术、全球定位系统（GNSS）、地理信息系统（GIS）、智能交通系统（ITS）、大数据处理、数据挖掘等多种技术手段，实现车辆货物实时监控追踪、仓储进销存数据实时查看、高峰物流配送智能管控等，帮助企业提高车、货管理效率，增

加经济利润。

3. 推动特色项目

（1）军民融合项目

军民融合项目致力于为政府、军队及广大企事业单位等提供全方位服务，最终达到后勤物流"成系统、整建制、全覆盖"的目的，真正将军事物流打造为国民经济向军队战斗力转化的纽带，实现军民物流的高效和快捷。顺丰中心结合自身业务的特点，针对各军种、各部门的不同需求，提供一体化的综合物流解决方案及服务。

（2）丰农项目

政府和企业是农产品品牌化、标准化，是实施精准扶贫的重要推手。顺丰中心积极助力农产品上行，先后在四川、山西、广西、皖南、舟山等43个地区开展了政企合作、精准扶贫项目（其中81个为贫困县），项目形式有推介会、采摘节、集散中心建设等。

（3）"精准扶贫"行动

为响应国家"精准扶贫、快速脱贫"的精神，落实"对口扶贫协作工作计划"的相关倡议，顺丰速运有限公司利用自身经营范围，开展各方面的"精准扶贫"行动，促进该地区"快速脱贫"。如与北京市平谷区合作，启动"平谷大桃项目"，通过各类媒体渠道宣传，邀请地区政府领导与当地桃农联合开展产品推广品鉴会等，利用顺丰同城绿色通道、冷运专线、航空专机等运输方式的专项保障，为当地桃农实现增收。

### 三、上合组织（连云港）国际物流园

（一）园区概况

上合组织（连云港）国际物流园位于连云港市东部区域，规划面积44.89平方千米，地处串联连云港区和徐圩港区两大港区的走廊位置，兼备公、铁、河、海等多种运输方式，周边毗邻国家级经济技术开发区、国家东中西区域合作示范区、连云新城，是连云港市港口、物流、产业和城

市联动发展的全新载体。

　　园区按照"整体规划、分期实施"的思路，重点打造基础物流、增值物流、公共物流三大功能体系，发展多式联运、国际商贸、保税物流、加工增值、智慧信息、商务金融等六大服务功能，是中亚-环太平洋的商贸物流集散中心、服务"一带一路"沿线国家和地区的国际物流合作基地、现代物流业创新发展的试验示范园区，成为"一带一路"沿线国家和地区的过境运输、仓储物流、往来贸易、产业合作的重要国际经济平台。

　　（二）园区特点

　　1. 多式联运

　　园区交通条件便利，兼备公、铁、河、海等多种运输方式，是连云港市重点建设的大型物流基地和综合交通枢纽。连霍、长深、沈海三条国家高速公路与园区无缝对接，通过园区公路港形成公路货运集散枢纽。沿海铁路和正在建设的铁路专用线将园区与新亚欧大陆桥紧密连接，构建完善的铁路集疏运体系。园区内河港通过疏港航道连接淮河、京杭运河、长江水系，通达中西部地区和长江经济带。带式输送机工程将园区与连云港港口的互动进一步增强。海铁联运、海陆联运、海河联运构成了园区现代交通综合运输体系（如图4-9所示）。

**图4-9　上合物流园至河南周口中心港内河集装箱航线**

## 2. 功能完善

园区服务功能完善，目前已成功获批国家级示范物流园区、省级示范物流园区、省重点物流基地、首批江苏海洋经济创新示范园区、全国优秀物流园区、中国物流实验基地、交通运输部"十三五"货运枢纽等。连云港新亚欧大陆桥集装箱多式联运示范工程列入国家、省级示范项目。

### 四、深国际华南物流园（深圳）

华南国际物流中心是深圳市六大物流园区之一龙华物流园区的主体项目，占地面积 65 万平方米，总投资 16 亿元，被列为深圳市重大建设项目和重点物流项目。

华南国际物流中心位于梅观高速公路梅林起点站东侧，交通十分便利。距我国最大的陆路口岸皇岗口岸仅 6 千米，距盐田港 25 千米，距蛇口港 20 千米，平南铁路与园区擦边而过，梅观、南坪、机荷、水官、清平、龙大等高速公路纵横交错，将华南国际物流中心"网"入其中。公司主要经营进口保税仓储、出口监管仓储、国际集装箱堆存中转、粤港转关接驳、绿色通道等业务，推出全新的"内陆物流港"经营模式，整合深港两地物流资源，构筑深港物流"绿色通道"，全面打造符合现代物流发展的"保税物流中心"。

深国际华南物流园是全国公路货运枢纽（物流园区）、全国首批甩挂运输试点单位、海关 AA 类企业、深圳市重点物流企业。现有保税监管仓储、跨境转关接驳、集装箱堆存、跨境快速通关和报关报检等五大物流业务板块。运营近 15 年，园区已进驻知名物流企业近百家，包括有 DHL、MOL、富士康、顺电等，梅林海关、国检常驻园区为园区客户提供高效便捷的一站式通关服务。

华南物流是深圳国际控股有限公司的全资子公司，深圳国际是一家在香港联合交易所主板上市的公司，是深圳市人民政府国有资产监督管理委员会直管的香港公众持股的红筹企业，换句话说，深圳国际是深圳市政府的香港窗口企业、高速公路以及物流基础设施旗舰平台。

立足深圳国际这一平台，华南物流通过多年稳健经营，成功搭建了一个拥有成熟物流配套、专业物流服务、一流通关环境的极具示范效应的"内陆物流港"，承接了深港两地、珠三角片区辐射全国公路货运集散地的核心功能地位，是深圳中部的重要货运枢纽。

### 五、中国（上海）自由贸易试验区洋山保税港区（陆域）物流园区

中国（上海）自由贸易试验区——洋山（陆域）坐落于东海之滨的上海临港产业区内，是上海市重点建设的临港物流园区和装备制造业物流基地的重要组成部分。依托洋山深水港国际枢纽的辐射作用和临港产业区现代制造业的集聚优势，为各类物流企业提供充足的客源和千载难逢的市场机遇。园区拥有完善的基础设施配套条件和现代化的物流设施，其中保税港区（陆域）更是国务院批准的中国第一家保税港区，享有目前国内最前沿的海关和外汇政策。公司坚持注重引入先进的开发理念和管理经验，不断完善临港物流园区的投资环境，目前已积聚了一大批国内外著名的航运企业、物流企业入驻园区。

中国（上海）自由贸易试验区——洋山作为上海推进"两个中心"建设的重点区域，中央和市委、市政府提出了洋山保税港区要积极发展现代物流、贸易展示、研发加工、保税期货交割等业务的任务目标。围绕以上重点任务目标，在三个主要功能板块上寻求突破。

（1）围绕建立洋山国际机电产品展示和商贸平台、以贸易带动物流发展的整体规划，着力于先期开展进口汽车和航空零部件产品的保税展示。自2009年6月以来，公司率先在区内开展进口高档汽车保税展示和展示留购试点，并与中航工业集团、中国商飞公司、上海市政府等在区内联合成功举办了2010年国际航空供应商采购大会暨洋山保税港区航空保税展示馆开馆仪式。

（2）公司致力于物流功能和业务模式的拓展和运营企业的服务工作。

目前，临港保税港公司协助区内企业先行先试水中转集拼、保税金属期货交割等新业务模式，取得了阶段性成果。

（3）公司积极打造洋山保税港区服务外包基地，已与多家电讯运营商深入探讨建立国际数据中心基地事宜，并已达成初步意向。

# 第三节　我国中心城市物流园区发展的初步经验

随着我国经济、贸易和信息化产业的发展，我国物流园区从无到有并不断壮大，个别中心城市先进典型的物流园区也达到了世界较为先进的水平，形成了一些初步的经验。

## 一、充分发挥政府在物流园区、物流集聚区规划建设中的重要作用

从上述中国典型物流园规划发展来看，政府在其中发挥了重大作用。政府不仅是物流园区基础设施的规划者和监督者，还对物流园区的发展提供了一些优惠的政策支持。例如在土地政策方面，由政府负责解决园内建设需要用地；在交通政策方面，政府制定物流园区发展规划，对联运方面新的运输项目给予推动资助；在基础设施政策方面，政府提供必要的基础设施建设。物流园区作为物流体系的基础设施，是一项社会属性较强的公共设施。通过对物流园区的统筹规划可以统领区域乃至全国宏观物流体系建设。

## 二、物流园区发展初期需要一定的政策扶持

从中国的先进经验来看，普遍认可物流园区的公共服务功能、对区域经济发展的支撑功能，所以在发展初期，甚至有的在持续经营期都给以一

定的政策扶持，同时不单纯追求物流园区本身的经济效益。大多数当地政府都会帮助物流园区和入驻企业解决基础设施、土地开发、联运中转站建设、公路铁路对接等问题；向入驻园区的企业给予土地、税收、产业等优惠政策，便于入驻园区企业顺利开展经营。考虑到园区初期投入非常大，混合投入模式可以减轻企业负担、较快地将园区建立起来，而且在设计时也考虑得更长远。

### 三、大型物流典范企业发挥示范引领作用

大型物流企业为了满足自身发展和物流效率的提高，会积极致力于现代化物流体系的设计与建设，引入最先进的物流技术和管理模式，产生对全国物流园区和物流体系建设的示范带动作用。京东物流在中国大陆100%的区县覆盖，"500万+"的物流服务人员，1500万平方米的物流中心面积，25个现代化的亚洲一号物流中心，30万个末端服务网点，25万可服务车辆，织成一张大网。基于以上，才有了京东后来推出的"211限时达"的可能，京东亚洲一号仓的典范也在全国迅速落地，为我国打造智能化物流园区提供了建设标准和参照。

### 四、物流园区规划要与产业规划、路网、信息网规划同步进行

物流园规划与产业规划同步考虑有利于物流园集约与集聚功能的发挥。如中国（上海）自由贸易试验区——洋山（陆域）坐落于东海之滨的上海临港产业区内，是上海市重点建设的临港物流园区和装备制造业物流基地的重要组成部分，依托了洋山深水港国际枢纽的辐射作用和临港产业区现代制造业的集聚优势。

物流业发展需要依托强大的路网和信息网，路网建设和信息网建设直接影响物流效率和效益。所以，物流园区规划除了要与产业规划同步考虑外，也要与路网、信息网同步规划。如上合组织（连云港）国际物流园位

于连云港市东部区域，地处串联连云港区和徐圩港区两大港区的走廊位置，兼备公、铁、河、海等多种运输方式，周边毗邻国家级经济技术开发区、国家东中西区域合作示范区、连云新城，是连云港市港口、物流、产业和城市联动发展的全新载体。

### 五、物流园区的平台共享功能要充分挖掘和建设

过去，许多物流园区的物业管理形式导致业主方只关注收租和物业管理，而忽视了园区的规划发展和平台功能的发挥。高水平的物流园区除了园区的集聚效应外，还为入驻企业提供公共服务功能，即除多式联运、节点转运和物流基础设施使用等物流相关服务之外，还为其服务生产贸易型企业提供员工技能培训、出口贸易加工、采购设施设备等。如，上合组织（连云港）国际物流园按照"整体规划、分期实施"的思路，重点打造基础物流、增值物流、公共物流三大功能体系，发展多式联运、国际商贸、保税物流、加工增值、智慧信息、商务金融等六大服务功能。

第五章

# 我国物流园区发展的政策分析

近年来，国内各大中心城市都逐渐开始注重辖区内物流园区的建设、改造、升级和发展，各大中心城市都把升级与发展物流园区作为了提升城市经济发展、整合城市相关资源、缓解城市交通压力、改善城市生态环境、支撑城市产业发展、保障居民消费需求的重要策略。

国家和地方各级政府纷纷出台各种政策，促进物流业及物流园区的健康发展。现代信息技术的发展也为物流园区的升级与发展提供了前所未有的保障和机遇。

## 第一节　我国物流产业政策的演进与发展

目前，物流园区的规划和发展已经被国家提升到战略的高度，从国务院到各级地方政府印发的总体规划、专项规划以及相关政策措施，都为我国物流园区的升级与发展提供了良好的政策机遇。

近年来，中央和地方各级政府都高度重视物流业的发展，不仅在国家综合规划中提出了物流业发展的新规划和新思路，而且针对物流业及物流园区的发展印发了一系列的专项规划及政策意见，这些规划、政策、意见为物流业及物流园区的发展带来了良好的政策环境（我国物流产业政策的演进与发展如表 5-1 所示）。

表 5-1　我国物流产业政策的演进与发展

| 时间 | 规划部门 | 规划名称 | 规划内容 |
|---|---|---|---|
| 2009 年 3 月 | 国务院 | 《物流业调整和振兴规划》 | 该规划将物流园区工程作为九大主要工程之一，提出按照符合城市发展规划、城乡规划的要求，充分利用已有的运输场站、仓储基地等基础设施，统筹规划建设一批以布局集中、用地节约、产业集聚、功能集成、经营集约为特征的物流园区 |
| 2011 年 8 月 | 国务院办公厅 | 《国务院办公厅关于促进物流业健康发展政策措施的意见》 | 该意见提到要切实减轻物流企业税收负担、加大对物流业的土地政策支持力度、促进物流车辆便利通行、加快物流管理体制改革、鼓励整合物流设施资源、推进物流技术创新和应用、加大对物流业的投入、优先发展农产品物流业以及加强组织协调 |
| 2013 年 10 月 | 国家发改委等 12 部门 | 《全国物流园区发展规划》 | 明确物流园区的发展目标和总体布局，为物流园区发展画出"线路图"，到 2020 年，基本形成布局合理、规模适度、功能齐全、绿色高效的全国物流园区网络体系 |
| 2014 年 10 月 | 国务院 | 《物流业发展中长期规划（2014—2020 年）》 | 确定 12 项重点工程，到 2020 年，基本建成布局合理、技术先进、便捷高效、绿色环保、安全有序的现代物流服务体系。物流业增加值年均增长 8% 左右，物流业增加值占国内生产总值的比重达到 7.5% 左右 |
| 2015 年 5 月 | 商务部等 10 部门 | 《全国流通节点城市布局规划（2015—2020 年）》 | 确定 2015—2020 年"3 纵 5 横"全国骨干流通大通道体系，明确划分国家级、区域级和地区级流通节点城市，并提出完善流通大通道基础设施、建设公益性流通设施、提升流通节点城市信息化水平、建设商贸物流园区、完善城市共同配送网络等九项重点任务 |

续表

| 时间 | 规划部门 | 规划名称 | 规划内容 |
|---|---|---|---|
| 2015 年 7 月 | 国家标准化管理委员会等 15 部门 | 《物流标准化中长期发展规划（2015—2020 年）》。 | 规划提出要选取部分基础较好、潜力较大的地区、物流企业和物流园区，围绕物流关键设施设备、运营模式，在支撑区域经济一体化等重大战略工程项目中，推进物流标准化综合试点 |
| 2016 年 3 月 | 十二届全国人大四次会议表决通过 | 《中华人民共和国国民经济和社会发展第十三个五年规划纲要》 | 规划中提到加快发展现代服务业行动：深化流通体制改革，促进流通信息化、标准化、集约化，推动传统商业加速向现代流通转型升级。加强物流基础设施建设，大力发展第三方物流和绿色物流、冷链物流、城乡配送 |
| 2017 年 2 月 | 商务部等 5 部门 | 《商贸物流发展"十三五"规划》 | 规划提出到 2016—2020 年构建多层次商贸物流网络，以满足消费升级、产业转型和城市发展为目标，加快构建以物流分拨中心、专业配送中心、末端配送网点三级网络为主的城市配送体系 |
| 2017 年 9 月 | 国家标准化管理委员会 | 《物流园区分类与规划基本要求》 | 标准规定了物流园区的分类与规划要求，适用于对物流园区的界定以及物流园区的规划建设。标准为物流园区的建设和升级改造提出了发展方向和具体要求，有利于物流园区的规范化发展 |
| 2018 年 12 月 | 国家发改委和交通运输部 | 《国家物流枢纽布局和建设规划》 | 提出到 2020 年，初步建立符合我国国情的枢纽建设运行模式，形成国家物流枢纽网络基本框架；到 2025 年，推动全社会物流总费用与 GDP 的比率下降到 12%左右；到 2035 年基本形成与现代化经济体系相适应的国家物流枢纽网络 |

| 时间 | 规划部门 | 规划名称 | 规划内容 |
|---|---|---|---|
| 2021 年 3 月 | 十三届全国人大四次会义表决通过 | 《中华人民共和国国民经济和社会发展第十四个五年规划和 2035 年运景目标纲要》 | 规划提出：<br>规范和降低港口航运、公路铁路运输等物流收费<br>聚焦增强全产业链优势，提高现代物流、采购分销、生产控制、运营管理、售后服务等发展水平<br>强化流通体系支撑作用。建设现代物流体系，加快发展冷链物流，统筹物流枢纽设施、骨干线路、区域分拨中心和末端配送节点建设，完善国家物流枢纽、骨干冷链物流基地设施条件，健全县乡村三级物流配送体系，发展高铁快运等铁路快捷货运产品，加强国际航空货运能力建设，提升国际海运竞争力<br>优化国际物流通道，加快形成内外联通、安全高效的物流网络<br>完善现代商贸流通体系，培育一批具有全球竞争力的现代流通企业，支持便利店、农贸市场等商贸流通设施改造升级，发展无接触交易服务，加强商贸流通标准化建设和绿色发展<br>加快建立储备充足、反应迅速、抗冲击能力强的应急物流体系 |

# 第二节　我国物流园区发展的相关政策

## 一、《物流业调整和振兴规划》：为中国物流园区的发展指明了方向

2009 年 3 月，国务院印发了《物流业调整和振兴规划》（以下简称《规划》），把"物流园区工程"列为 9 项重点工程之一。《规划》明确了我国要在重要物流节点城市、制造业基地和综合交通枢纽，在土地利用总

体规划、城市总体规划确定的城镇建设用地范围内，按照符合城市发展规划、城乡规划的要求，充分利用已有运输场站、仓储基地等基础设施，统筹规划建设一批以布局集中、用地节约、产业集聚、功能集成、经营集约为特征的物流园区。

国家《物流业调整和振兴规划》的印发，为中国物流园区的发展指明了方向，对符合规划要求的物流园区的发展较为有利。

## 二、《国务院办公厅关于促进物流业健康发展政策措施的意见》：对纳入规划的物流园区用地给予重点保障

2011 年 8 月，《国务院办公厅关于促进物流业健康发展政策措施的意见》提出，要"科学制定物流园区发展规划，对纳入规划的物流园区用地给予重点保障"。

## 三、《全国物流园区发展规划》

### （一）明确了物流园区的定义

2013 年 10 月，国家发展改革委会同自然资源部、住房城乡建设部等 12 部门印发了《全国物流园区发展规划》。

《全国物流园区发展规划》明确了园区定义：物流园区是物流业规模化和集约化发展的客观要求和必然产物，是为了实现物流运作的共同化，按照城市空间合理布局的要求，集中建设并由统一主体管理，为众多企业提供物流基础设施和公共服务的物流产业集聚区。

目前，各地虽然有不少冠名的"物流园"，但实际上只是批发市场、商贸城或者单个物流企业，不是提供物流基础设施和公共服务的物流园区。物流园区是重要的物流基础设施，具有功能集成、设施共享、用地节约的优势，对于促进产业结构调整、转变经济发展方式、提高国民经济竞争力具有以下几点重要意义。

一是有利于提高物流服务效率。物流园区作为连接多种运输方式、集

聚多种服务功能的基础设施和公共服务平台，能够发挥物流设施的集聚效应，提升物流效率，降低物流成本；推动多式联运发展，发挥我国综合交通运输体系的整体效能；促进社会物流的有效组织和有序管理、优化布局和运作模式，为其他产业优化升级提供必要的支撑。

二是有利于集约利用土地资源。物流园区可以适度整合分散于各类运输场站、仓房、专用线、码头等物流设施及装卸、搬运等配套设施的用地，增加单位物流用地的物流承载量，提高土地利用率。同时，园区能够有效促进专业化、社会化物流企业承接制造业和商贸业分离外包的物流需求，减少原有分散在各类企业内部的仓储设施用地。

三是有利于推进节能减排和改善环境。科学规划物流园区，将优化仓储、配送、转运等物流设施的空间布局，促进物流资源优势互补、共享共用，减少设施闲置，降低能耗；提升物流服务的组织化水平，优化运输线路，降低车辆空驶率，缓解交通干线的通行压力和城市交通拥堵，减少排放，改善环境。

《全国物流园区发展规划》认为，物流园区是物流业规模化和集约化发展的客观要求和必然产物，对于提高物流服务效率、节约集约利用土地资源、推进节能减排具有重要意义。但同时也认为，我国物流园区在快速发展的过程中，还存在盲目建设、圈占土地以及设施和服务能力不足等问题，亟须通过规划加以规范和引导。

（二）确立了我国物流园区发展的指导思想

《全国物流园区发展规划》明确了园区发展的指导思想：按照加快转变经济发展方式、促进产业结构调整的要求，以市场需求为导向，以促进物流要素聚集、提升物流运行效率和服务水平、节约集约利用土地资源为目标，以物流基础设施的整合和建设为重点，加强统筹规划和管理，优化空间布局，完善经营管理体制和服务功能，为经济社会发展提供物流服务保障。

（三）提出了物流园区发展的四项原则

《全国物流园区发展规划》提出了我国物流园区发展的四项原则：

一是科学规划，合理布局。根据国家重点产业布局和区域发展战略，立足经济发展水平和实际物流需求，依托区位交通优势，符合城市总体规划和土地利用总体规划，注重与行业规划相衔接。

二是整合资源，集约发展。优先整合利用现有物流设施资源，充分发挥存量物流设施的功能。按照规模适度、用地节约的原则，制定物流园区规划、建设标准，合理确定物流园区规模，促进物流园区集约发展，吸引企业向园区集聚。

三是完善功能，提升服务。促进物流园区设施建设配套衔接，完善物流园区的基本服务功能。注重运用现代物流和供应链管理理念，创新运营管理机制，拓展增值服务，提升物流园区的运作和服务水平。

四是市场运作，政府监管。充分发挥市场机制的作用，坚持投资主体多元化、经营管理企业化、运作方式市场化。积极发挥政府的规划、协调作用，规范物流园区建设管理制度，制定和完善支持物流园区发展的各项政策，推动物流园区有序建设、健康发展。

（四）提出了我国物流园区发展的阶段目标和基本思路

《全国物流园区发展规划》提出了我国物流园区发展的阶段目标，到2015 年基本建立物流园区建设及管理的有关制度，物流园区的发展步入健康有序的轨道，全国物流园区规划布局得到优化，物流园区设施条件不断改善，服务能力明显增强，初步建成一批布局合理、运营规范、具有一定经济社会效益的示范园区。到2020 年物流园区的集约化水平大幅提升，设施能力显著增强，多式联运得到广泛应用，管理水平和运营效率明显提高，资源集聚和辐射带动作用进一步增强，基本形成布局合理、规模适度、功能齐全、绿色高效的全国物流园区网络体系。

《全国物流园区发展规划》（以下简称《规划》）确定了全国物流园区总体布局的基本思路：

一是根据物流需求规模和区域发展战略等因素，确定物流园区布局城市；

二是按照城乡规划、综合交通体系规划和产业发展规划等，合理确定城市物流园区建设数量、规划布局和用地规模；

三是研究制定物流园区详细规划，因地制宜、合理确定物流园区的发展定位、功能布局、建设分期、配套要求。

据此思路，《规划》将物流园区布局城市分为三级，确定一级物流园区布局城市 29 个，二级物流园区布局城市 70 个，三级物流园区布局城市则由各省区自行确定。按照服务对象不同，《规划》还对综合服务型、货运枢纽型、商贸服务型、生产服务型和口岸服务型等五类物流园区提出了不同的选址要求。

（五）明确了物流园区发展的八项主要任务

《全国物流园区发展规划》明确了物流园区发展的八项主要任务。一是推动物流园区资源整合，二是合理布局新建物流园区，三是加强物流园区基础设施建设，四是推动物流园区信息化建设，五是完善物流园区服务功能，六是聚集和培育物流企业，七是建立适应物流园区发展的规范和标准体系，八是完善物流园区经营管理体制。

为实现上述目标和任务，《全国物流园区发展规划》还提出了做好综合协调、加强规范管理、开展示范工程、完善配套设施、落实用地政策、改善投融资环境等多项保障措施。

## 四、《物流业发展中长期规划（2014—2020 年）》

（一）确定物流业的产业定位

2014 年 10 月，国务院印发了《物流业发展中长期规划（2014—2020 年）》（以下简称《规划》）。《规划》中指出"物流业是融合运输、仓储、货代、信息等产业的复合型服务业，是支撑国民经济发展的基础性、战略性产业。加快发展现代物流业，对于促进产业结构调整、转变发展方式、提高国民经济竞争力和建设生态文明具有重要意义"。

（二）提出了物流业到 2020 年的发展目标

《规划》提出了我国物流业到 2020 年的发展目标，主要包括：

基本建立布局合理、技术先进、便捷高效、绿色环保、安全有序的现代物流服务体系。

物流的社会化、专业化水平进一步提升。

物流业增加值年均增长 8%左右，物流业增加值占国内生产总值的比重达到 7.5%左右。

第三方物流比重明显提高。

新的物流装备、技术广泛应用。

物流企业竞争力显著增强。

一体化运作、网络化经营能力进一步提高，信息化和供应链管理水平明显提升，形成一批具有国际竞争力的大型综合物流企业集团和物流服务品牌。

物流基础设施及运作方式衔接更加顺畅。

物流园区网络体系布局更加合理，多式联运、甩挂运输、共同配送等现代物流运作方式保持较快发展，物流集聚发展的效益进一步显现。

物流整体运行效率显著提高。

全社会物流总费用与国内生产总值的比率由 2013 年的 18%下降到 16%左右，物流业对国民经济的支撑和保障能力进一步增强。

（三）明确物流园区的发展目标定位

《规划》对物流园区的发展目标定位为：物流园区网络体系布局更加合理，多式联运、甩挂运输、共同配送等现代物流运作方式保持较快发展，物流集聚发展的效益进一步显现。

《规划》提出了物流业发展的三个重点，其中第三点为"着力加强物流基础设施网络建设"，其中提出了"加强物流园区规划布局，进一步明确功能定位，整合和规范现有园区，节约、集约用地，提高资源利用效率和管理水平"。

（四）把物流园区工程确定为 12 项重点工程之一

《规划》确定 12 项重点工程，其中第 2 项工程即为物流园区工程。

在严格符合土地利用总体规划、城市总体规划的前提下，按照节约、集约用地的原则，在重要的物流节点城市加快整合与合理布局物流园区，推进物流园区水、电、路、通信设施和多式联运设施建设，加快现代化立体仓库和信息平台建设，完善周边公路、铁路配套，推广使用甩挂运输等先进运输方式和智能化管理技术，完善物流园区管理体制，提升管理和服务水平。

结合区位特点和物流需求，发展货运枢纽型、生产服务型、商贸服务型、口岸服务型和综合服务型物流园区，以及农产品、农资、钢铁、煤炭、汽车、医药、出版物、冷链、危险货物运输、快递等专业类物流园区，发挥物流园区的示范带动作用。

### 五、《全国流通节点城市布局规划（2015—2020年）》

2015年5月，商务部等10部门联合印发《全国流通节点城市布局规划（2015—2020年）》，目的是加快构建全国骨干流通网络，努力提升流通节点城市功能，更好发挥流通产业的基础性和先导性作用，进一步释放消费潜力。

《全国流通节点城市布局规划（2015—2020年）》根据国家区域发展总体战略及"一带一路"、京津冀协同发展和长江经济带战略等，结合国家新型城镇化规划、全国主体功能区规划等，确定2015—2020年"3纵5横"全国骨干流通大通道体系，明确划分国家级、区域级和地区级流通节点城市，并提出完善流通大通道基础设施、建设公益性流通设施、提升流通节点城市信息化水平、建设商贸物流园区、完善城市共同配送网络、发展国家电子商务示范基地、提升沿边节点城市口岸功能、促进城市商业适度集聚发展、强化流通领域标准实施和推广等九项重点任务。

其中，重点任务第四项为"建设商贸物流园区：在重庆、厦门、南昌、长沙、郑州、西安等有基础、有条件的流通节点城市，开展综合商贸物流园区示范。鼓励支持商贸设施和物流设施集约建设，培育具有区域辐射能力和较强综合服务功能的商贸物流园区"。

## 六、《物流标准化中长期发展规划（2015—2020 年）》

2015 年 7 月，国家标准化管理委员会、国家发展和改革委员会等 15 个部门联合印发《物流标准化中长期发展规划（2015—2020 年）》。

《物流标准化中长期发展规划（2015—2020 年）》提出"选取部分基础较好、潜力较大的地区、物流企业和物流园区，围绕物流关键设施设备、运营模式，在支撑区域经济一体化等重大战略工程项目中，推进物流标准化综合试点"。

《物流标准化中长期发展规划（2015—2020 年）》还提出：

研究建立物流企业诚信标准体系，制定物流企业诚信要素标准，引导物流企业建立内部诚信管理体系；

推动形成具有品牌效应的诚信标准；

选择物流园区、企业联盟，以及汽车物流、冷链物流、危险品物流等专业物流领域开展诚信标准化的试点示范。

## 七、《商贸物流发展"十三五"规划》

### （一）提出构建城市配送体系

2017 年 2 月，商务部等 5 部门印发了《商贸物流发展"十三五"规划》的通知（以下简称《规划》）。《规划》提出 2016—2020 年构建多层次商贸物流网络，以满足消费升级、产业转型和城市发展为目标，加快构建以物流分拨中心、专业配送中心、末端配送网点三级网络为主的城市配送体系。

### （二）提出物流园区转型升级

加强商贸物流基础设施建设：推进物流园区转型升级，加强园区水、电、路、网络、通信、热力等基础设施建设，提升仓储、运输、配送、信息等公共服务水平，通过信息平台引导线上、线下对接，拓展物流园区增值服务功能。

加强商贸物流信息化建设：运用市场化方式，提升商贸物流园区、仓储配送中心、末端配送站点信息化、智能化水平。

推动商贸物流集约化发展：打破地区和行业界限，按照物流需求规模及增长潜力，整合需求不足和同质化竞争严重的物流园区，推动各类分散仓储配送资源与大型物流园区衔接配套，引导企业自用仓储配送设施对外开放。

促进商贸物流绿色化转型：发展绿色仓储，建设绿色物流园区，加强仓库建筑创新与节能减排技术应用。

建设商贸物流信用体系：引导物流园区、物流信息平台、电子商务物流企业等建立对入驻商户和上下游企业的信用评价机制，倡导企业诚信经营。

（三）推动商贸物流园区功能提升工程

《商贸物流发展"十三五"规划》提出七项重点工程，其中第四项为"商贸物流园区功能提升工程"，具体要求为加强物流园区公共基础设施建设，完善多式联运和集疏运体系，提高仓储、中转及配送能力。加强物流园区经营管理，建立以市场化运作为主，规划引导、依法监管、协调服务相结合的园区开发建设模式。支持物流园区拓展服务功能，提供供应链设计、设备租赁、法律咨询、信用评价等商务服务，引进工商、税务、报关、报检等政务服务，提升服务水平。加强物流园区与外部交通网络的有效连接，鼓励物流园区之间、物流园区与产业园区、商品市场、公共平台之间加强合作，实现联动发展。

**八、国家标准《物流园区分类与规划基本要求》（GB/T 21334—2017）**

2017年9月29日，国家标准化管理委员会发布2017年第23号公告，批准发布237项国家标准。其中包括全国物流标委会归口的《物流园区分类与规划基本要求》（GB/T 21334—2017）。该标准于 2018 年 4 月 1 日实施。

《物流园区分类与规划基本要求》是对 2008 版的《物流园区分类与基本要求》（GB/T 21334—2008）的修订。标准规定了物流园区的分类与规划要求，适用于对物流园区的界定以及物流园区的规划建设。

《物流园区分类与规划基本要求》为物流园区的建设和升级改造提出了发展方向和具体要求，有利于物流园区的规范化发展。

### 九、《国家物流枢纽布局和建设规划》

2018 年 12 月，国家发展改革委和交通运输部联合印发了《国家物流枢纽布局和建设规划》（以下简称《规划》）。《规划》提出到 2020 年，初步建立符合我国国情的枢纽建设运行模式，形成国家物流枢纽网络基本框架；到 2025 年，推动全社会物流总费用与 GDP 的比率下降至 12%左右；到 2035 年基本形成与现代化经济体系相适应的国家物流枢纽网络。

《国家物流枢纽布局和建设规划》提出"整合优化存量物流设施：优先利用现有物流园区特别是国家示范物流园区，以及货运场站、铁路物流基地等设施，规划建设国家物流枢纽"和"推动快递专业类物流园区改扩建，积极承接国家物流枢纽功能"。

### 十、《中华人民共和国国民经济和社会发展第十三个五年规划纲要》和《中华人民共和国国民经济和社会发展第十四个五年规划和 2035 年远景目标纲要》

（一）国家"十三五"规划

2016 年 3 月 17 日，第十二届全国人大四次会议表决通过《中华人民共和国国民经济和社会发展第十三个五年规划纲要》（以下简称《国家"十三五"规划》）。《国家"十三五"规划》中对物流发展规划有明确阐述：

（1）提高物流组织管理水平，规范公路收费行为，降低企业物流成本。

（2）加强物流基础设施建设，大力发展第三方物流和绿色物流、冷链物流、城乡配送。面向社会资本扩大市场准入，加快开放电力、民航、铁路、石油、天然气、邮政、市政公用等行业的竞争性业务，扩大金融、教育、医疗、文化、互联网、商贸物流等领域开放，开展服务业扩大开放综合试点。

（3）组织实施"互联网+"重大工程，加快推进基于互联网的商业模式、服务模式、管理模式及供应链、物流链等各类创新，培育"互联网+"生态体系，形成网络化协同分工新格局。

（4）优化枢纽空间布局，建设北京、上海、广州等国际性综合交通枢纽，提升全国性、区域性和地区性综合交通枢纽水平，加强中西部重要枢纽建设，推进沿边重要口岸枢纽建设，提升枢纽内外辐射能力。完善枢纽综合服务功能，优化中转设施和集疏运网络，强化客运零距离换乘和货运无缝化衔接，实现不同运输方式协调高效，发挥综合优势，提升交通物流整体效率。

（5）支持中部地区加快建设贯通南北、连接东西的现代立体交通体系和现代物流体系，培育壮大沿江沿线城市群和都市圈增长极。

（6）建设上合组织国际物流园和中哈物流合作基地。积极推进"21世纪海上丝绸之路"战略支点建设，参与沿线重要港口建设与经营，推动共建临港产业集聚区，畅通海上贸易通道。推进公铁水及航空多式联运，构建国际物流大通道，加强重要通道、口岸基础设施建设。

（二）国家"十四五"规划和 2035 年远景目标

2021 年 3 月 11 日，第十三届全国人大四次会议表决通过《中华人民共和国国民经济和社会发展第十四个五年规划和 2035 愿景目标纲要》，《国家"十四五"规划和 2035 年远景目标纲要》中对物流发展规划有明确阐述：

（1）建设现代物流体系，加快发展冷链物流，统筹物流枢纽设施、骨干线路、区域分拨中心和末端配送节点建设，完善国家物流枢纽、骨干冷链物流基地设施条件，健全县乡村三级物流配送体系，发展高铁快运等铁路快捷货运产品，加强国际航空货运能力建设，提升国际海运竞争力。

（2）优化国际物流通道，加快形成内外联通、安全高效的物流网络。

（3）完善现代商贸流通体系，培育一批具有全球竞争力的现代流通企业，支持便利店、农贸市场等商贸流通设施改造升级，发展无接触交易服务，加强商贸流通标准化建设和绿色发展。加快建立储备充足、反应迅速、抗冲击能力强的应急物流体系。

（4）有序疏解中心城区一般性制造业、区域性物流基地、专业市场等功能和设施，以及过度集中的医疗和高等教育等公共服务资源，合理降低开发强度和人口密度。

（5）立足特色资源和产业基础，确立制造业差异化定位，推动制造业规模化集群化发展，因地制宜建设先进制造业基地、商贸物流中心和区域专业服务中心。

（6）允许制造业企业全部参与电力市场化交易，规范和降低港口航运、公路铁路运输等物流收费，全面清理规范涉企收费。

（7）聚焦增强全产业链优势，提高现代物流、采购分销、生产控制、运营管理、售后服务等发展水平。

（8）构建基于5G的应用场景和产业生态，在智能交通、智慧物流、智慧能源、智慧医疗等重点领域开展试点示范。鼓励企业开放搜索、电商、社交等数据，发展第三方大数据服务产业。促进共享经济、平台经济健康发展。

（9）深入推进服务业数字化转型，培育众包设计、智慧物流、新零售等新增长点。

（10）加强农产品仓储保鲜和冷链物流设施建设，健全农村产权交易、商贸流通、检验检测认证等平台和智能标准厂房等设施，引导农村二、三产业集聚发展。

（11）健全城乡基础设施统一规划、统一建设、统一管护机制，推动市政公用设施向郊区乡村和规模较大中心镇延伸，完善乡村水、电、路、气、邮政通信、广播电视、物流等基础设施，提升农房建设质量。

（12）立足特色资源和产业基础，确立制造业差异化定位，推动制造业规模化集群化发展，因地制宜建设先进制造业基地、商贸物流中心和区域专业服务中心。

（13）推动城市公交和物流配送车辆电动化。构建市场导向的绿色技术创新体系，实施绿色技术创新攻关行动，开展重点行业和重点产品资源效率对标提升行动。

（14）加快建设现代军事物流体系和资产管理体系。

# 第六章

# 广州物流园区升级与发展面临的
# 背景与机遇

## 第一节　政策背景与机遇

广东省和广州市高度重视物流产业发展和物流园区建设，除了国家政策的大力支持，省、市的物流业及物流园区相关政策也积极跟进，从地方规划到物流园区建设计划等方方面面，积极响应中央政府的政策号召。从宏观政策层面来看，广州市物流园区规划建设正处于黄金发展期。广东省、广州市物流产业相关政策的演进与发展如表6-1所示。

表 6-1　广东省、广州市物流产业相关政策的演进与发展

| 时间 | 规划部门 | 规划名称 | 规划主要内容 |
|---|---|---|---|
| 2013 年 2 月 | 广州市交通委员会 | 《广州市现代物流发展布局规划（2012—2020 年）》 | 到 2020 年，广州将基本建成黄埔、南沙、广州空港 3 大国际性枢纽型物流园区和芳村、白云、增城、番禺、花都 5 个区域性综合型物流园区（"3+5"规划）。 |
| 2016 年 10 月 | 广州市人民政府 | 《广州市综合交通发展第十三个五年规划》 | 该规划的重点任务中提到要"建设国际物流中心"，其中提到"优化物流节点布局体系：加快形成'4+4+8+12'的'骨干物流网络+区域物流网络+专业物流网络+市内配送网络'的物流基础设施体系"。 |
| 2016 年 11 月 | 广东省人民政府办公厅 | 《广东省现代物流业发展规划（2016—2020 年）》 | 该规划从发展目标、主要任务、重点项目三个方面对广东省现代物流业的发展做出全面规划。 |
| 2018 年 5 月 | 广州市人民政府 | 《建设广州国际航运中心三年行动计划（2018—2020 年）》 | 该行动计划中提出：主要任务之一为发展港口物流园区；主要任务之二为推进技术创新、发展智慧港航。 |
| 2018 年 8 月 | 广东省人民政府办公厅 | 《广东省推进电子商务与快递物流协同发展实施方案》 | 该方案中要求强化规划引领、完善基础设施，要加强基础设施网络建设，包括引导快递物流企业依托全国性物流节点城市、国家电子商务示范城市、快递示范城市，进一步优化快递物流网络、仓储、配送节点布局；该规划还提出要支持"电商+快递物流"园区建设。 |
| 2019 年 1 月 | 广州市委 | 《中共广州市委关于深入学习贯彻习近平总书记视察广东重要讲话精神实现老城市新活力的实施意见》 | 该意见中提出加快"现代物流服务体系"建设；提出按照物流园区—物流枢纽站—物流中心—物流配送终端的架构，重构广州大物流体系，以更好地服务粤港澳大湾区建设、辐射周边城市。提高航运物流、航空物流、国际中转发展水平，做强第三方物流、第四方物流、供应链物流企业，发展绿色供应链、智慧物流、冷链物流。 |

续表

| 时间 | 规划部门 | 规划名称 | 规划主要内容 |
|------|---------|---------|-------------|
| 2019 年 2 月 | 中共中央、国务院 | 《粤港澳大湾区发展规划纲要》 | 该规划纲要对港口、机场、综合运输、快速交通网等方面提出了规划。规划提出要提升珠三角港口群国际竞争力、建设世界级机场群、畅通对外综合运输通道、构筑大湾区快速交通网络、提升客货运输服务水平。 |
| 2019 年 6 月 | 广州市交通运输局 | 《加快推进广州市物流园区整治提升三年行动计划（2019—2021 年）》 | 该行动计划落实《广州市城市更新三年行动计划（2019—2021 年）》，助力广州实现老城市新活力，进一步优化物流园区布局，推动物流园区整治提升，构建与城市和产业发展相适应的物流体系。 |
| 2019 年 8 月 | 广州市推进粤港澳大湾区建设领导小组 | 《广州市推进粤港澳大湾区建设三年行动计划（2018—2020 年）》 | 该计划提出要对物流园区进行整治提升及升级改造。 |
| 2021 年 1 月 | 广东省十三届人大四次会议审议批准 | 《广东省国民经济和社会发展第十四个五年规划和 2035 年远景目标纲要》 | 该规划中提出现代物流业快速发展，粤港澳携手建设国际物流枢纽，加快建设现代流通体系，构筑国际先进的融合基础设施体系，发展乡村物流等系列规划。 |
| 2021 年 5 月 | 广州市人民政府 | 《广州市国民经济和社会发展第十四个五年规划和 2035 年远景目标纲要》 | 该规划中提出，广州要做强现代海上航运物流；完善现代流通体系；提出要把广州打造为国际物流中心；提出要加快实现"三园"转型。 |
| 2021 年 3 月 | 广州市人民政府 | 《广州市精准支持现代物流高质量发展的若干措施》 | 该规划从发展目标和主要举措两个方面对广州市精准支持现代物流高质量发展做出具体指示。 |

## 一、《广州市现代物流发展布局规划（2012—2020 年）》

《广州市现代物流发展布局规划（2012—2020 年）》于 2013 年 2 月 22 日由广州市交委正式印发，该《规划》的实施推动了广州市物流业在产业布局、业态提升、交通改善和经济效益等方面取得的重大突破。

广州提出要加强和香港、深圳的合作，共建大珠三角物流枢纽体系，完善交通运输网络，"打造世界一流的物流中心"。广州提出将继续大力提升空港、海港、铁路等大型基础设施的建设规模、服务水平和辐射能力，到 2020 年，广州市各类现代物流基础设施用地规模将达 44.1 万平方千米，比 2012 年增长 231%。

该规划提出，到 2020 年，广州将基本建成黄埔、南沙、广州空港 3 大国际性枢纽型物流园区和芳村、白云、增城、番禺、花都 5 个区域性综合型物流园区的 "3+5" 规划。

（一）广州空港国际物流园区

该物流园区位于白云国际机场的东北侧，机场高速及机场高速北延线、北三环、105 国道、106 国道、京珠高速等公路为园区的发展提供了便利的交通条件。根据需求预测，2020 年空港物流园区的物流量约为 470 万吨，日平均物流量为 1.3 万吨。广州空港国际物流园区的总用地规模约为 37.28 平方千米。

该物流园区以发展国际航空物流及相关高附加值产业为主、国内区域物流为辅。

（二）南沙国际物流园区

位于南沙地区南部的万（顷沙）—龙（穴岛）组团内，主要沿南沙港区（南沙作业区）深水码头直接作业区外围设置，是南沙港区配套的后方物流服务用地。周边有南沙港快速、虎门高速、东新高速、广珠北、南二环等高快速路。根据需求预测，2020 年约有 960 万标箱的物流量需通过物流园区进行集散。园区总用地规模约为 69.8 平方千米。

该园区以发展远洋航运及相关临港工业为主。

（三）黄埔国际物流园区

位于广州城市"东进"战略发展轴，以黄埔港区、广州开发区为依托，由广州保税区、将军山物流工业园区、黄埔港区、南岗商业物流圈组成，形成"一圈三组团"的一区多园格局。广深公路、广深高速公路、广园东快速路、东二环和广深铁路毗邻园区。根据需求预测，2020 年园区集散物流量约为 416 万标箱。园区的总用地规模约为 10.35 平方千米。

该园区发展保税物流、港口物流、铁路物流及相关物流产业，以近洋国际物流为主。

（四）白云物流园区

选址于广州市北部出入口地区，包括白云区黄金围物流园区和已投入使用的公路主枢纽站（场）白云货运站区域。与铁路大朗货运站共同构成广州北部重要的物流产业链。

（五）花都物流园区

选址于花都区狮岭镇军田和花都汽车城，是以军田铁路集装箱货运站和花都汽车城为基础，分别提供铁路货运中转、铁路货运与公路货运联运、汽车物流服务。

（六）芳村物流园区

位于广州市荔湾区，基于广佛都市圈，以公路运输为主要依托，以商贸物流为主要发展方向，提供以商品批发、零售展示与生活资料配送为主，兼有流通加工的综合性物流服务。

（七）番禺物流园区

位于番禺区中北部，将为广州南部、珠江三角洲及全国提供公路货物运输、联运代理、中转仓储等综合性物流服务，并且发展南部生产、生活资料的物流配送服务。

（八）增城物流园区

位于增城南部永和镇与新塘镇的接壤地带，是服务于东莞、粤东地区的集散运输及配送的物流基地，以发展汽车物流为主，兼顾新塘等区域的物流需求，为广州东部及东莞、深圳货物提供仓储、转运、配送等综合性物流服务。

## 二、《广州市综合交通发展第十三个五年规划》

2016 年 10 月，广州市人民政府印发了《广州市综合交通发展第十三个五年规划》。

该规划的重点任务中提到要"建设国际物流中心"，其中提到"优化物流节点布局体系：加快形成'4+4+8+12'的'骨干物流网络+区域物流网络+专业物流网络+市内配送网络'的物流基础设施体系"。

（一）加快形成物流基础设施体系

（1）依托远洋港口、机场、公铁联运货运场（站）等大型交通枢纽和口岸，建设空港国际物流园区等 4 个国际物流园区。

（2）打造白云现代商贸物流园区等 4 个以城市区域为物流服务范围的多功能物流园区。

（3）形成江高农产品物流基地等 8 个与产业联动的专业物流基地。

（4）完善城市物流配送网络，在中心城区东、南、西、北部布局 12 个城市共同配送中心，为终端客户或特定客户提供高频率、小批量、多批次配送服务，在城市社区和村镇布局建设共同配送末端网点。

（二）构建三级城市物流配送体系

依托"4+4"物流园区建立城市配送一级节点、12 个城市配送中心为二级城市物流配送节点，研究依托商区、居住区等社区配送集散点，建立三级物流配送节点。构建以重点物流园区、公共配送中心和末端共同配送等物流节点为支撑的三级城市物流配送网络体系，建立网格化管理体系。

## 三、《广东省现代物流业发展规划（2016—2020 年）》

2016 年 11 月，广东省人民政府办公厅印发《广东省现代物流业发展规划（2016—2020 年）》。

（一）发展目标

1. 基本建立现代物流服务体系

到 2020 年，在广东省基本建成布局合理、技术先进、便捷高效、绿色环保、安全有序的现代物流服务体系，基本建立与"互联网+"高效物流发展相适应的行业管理政策体系。

产业规模进一步扩大。全省社会物流总额年均增长约 9.5%，物流业增加值年均增长约 9.5%，物流业增加值占 GDP（国内生产总值）比重达8% 左右。

2. 物流整体运行效率显著提高

全社会物流总费用与 GDP 的比率由 2015 年的 15% 下降到 14.5% 左右，物流业对国民经济的支撑和保障能力进一步增强。

物流社会化、专业化水平进一步提升。物流新业态、新模式和创新服务不断涌现，第三方物流比重明显提高，新的物流装备、技术广泛应用，物流服务能力和供应链管理能力显著提升，与相关产业融合度进一步提高。

3. 物流智能化水平进一步提升

先进信息技术在物流领域被广泛应用，仓储、运输、配送等环节智能化水平显著提升，形成以互联网为依托，开放共享、合作共赢、高效便捷、绿色安全的智慧物流生态体系。

4. 物流企业竞争力进一步增强

基于互联网的物流新技术、新模式、新业态成为行业发展新动力，物流企业现代化程度明显提高，形成一批智能化水平高、综合服务能力好、国际竞争力强的现代物流企业，培育 10 家左右营业收入超百亿的物流企业。

5. 物流枢纽作用进一步凸显

物流基础设施一体化程度和多式联运发展水平明显提高。农产品冷链物流体系基本形成、流通率显著提升。粤港澳大湾区物流枢纽、国际国内物流大通道建设取得明显进展，物流节点布局更趋合理，逐步建成具有国际资源配置功能的全国现代物流业发展先导区，实施"一带一路"倡议、自由贸易试验区战略和泛珠三角区域合作战略的重要物流枢纽。

（二）主要任务

1. 推动物流业降本增效

构建市场化、法治化、国际化营商环境，着力解决物流业发展"成本高、负担重、融资难"问题，促进行业降本增效，提高物流业发展质量和竞争力。持续改善物流运行环境，清理、整顿、规范流通环节收费和公路乱收费、乱罚款行为，切实降低流通成本，提高效率。

贯彻落实国家统一物流增值税、大宗商品仓储设施用地城镇土地使用税优惠等系列政策措施，鼓励有条件的物流企业积极申报高新技术企业和企业技术中心等，减轻物流企业经营负担。调动社会资本投资的积极性，鼓励金融机构提供整条供应链金融服务，盘活物流企业资金流，解决中小企业融资难、融资贵问题。

2. 提升物流企业规模化、集约化水平

鼓励物流企业通过投资并购、资产重组、强强联合、战略协作、企业联盟等方式，提高物流资源集约度和市场集中度，培育一批具有全球供应链资源整合和调配能力的第三方物流企业、邮政快递企业和供应链管理企业。支持快递业整合资源，推进快递与综合交通运输系统的顺畅对接，积极引导培育形成若干具有较强竞争力的大型骨干快递企业，构建"普惠城乡、联通世界"的快递服务网络。

充分发挥邮政的网络、信息和服务优势，深入推动邮政与电子商务企业的战略合作，发展电商小包（邮政国内小包）等新型邮政业务。完善邮政基础设施网络，鼓励邮政企业因地制宜发展农村邮政物流服务，推动农资下乡和农产品进城。

3. 加强物流基础设施网络建设

加快建设交通物流网络，完善枢纽集疏运系统，实施铁路引入港口、公路货站和物流园区工程，以及枢纽周边道路畅通工程。优化交通枢纽与物流节点的空间布局，推进建设广州—佛山全国性综合交通枢纽，加强空港、海港、公路港等枢纽的功能定位、建设标准的衔接，强化枢纽物流功能。

4. 提升物流社会化、专业化水平

引导企业剥离外包物流业务，促进企业内部物流需求社会化。优化制造业、商贸业集聚区物流资源配置，构建中小微企业公共物流服务平台，提供社会化物流服务。

着力发展第三方物流，鼓励传统物流企业采用现代物流管理理念、信息技术和智能装备，提高传统仓储、运输、货代、快递等服务能力；支持从企业内部剥离出来的物流企业发挥专业化、精益化服务优势，积极为社会提供公共物流服务；鼓励物流企业积极发展定制化物流服务，满足日益增长的个性化物流需求。

5. 推进"互联网+"高效物流发展

加强北斗导航、物联网、云计算、大数据、移动互联等先进信息技术在物流领域的应用，推进全程透明、可视、可追踪、智能管理。鼓励物流领域建设科技企业孵化器，提高物流企业信息化水平和技术创新能力。

构建物流信息互联共享体系。推广应用电子面单、电子合同等数据化物流活动信息载体，加快实现物流活动信息数据化；促进不同部门、不同交通运输方式之间的信息衔接，鼓励各类专业平台、车货匹配平台等开放数据接口，加强物流运行数据的采集、分析，提供针对社会化物流需求的服务应用，推动物流数据开放；构建全省大数据平台体系，衔接国家交通运输物流公共信息平台，鼓励物流龙头企业搭建面向中小物流企业的物流信息服务平台，促进货源、车（船）源和物流服务等信息的高效匹配，有效降低运输载具空驶率，促进物流信息平台协同化。

6. 推进物流技术装备现代化

鼓励物流企业加强先进仓储配送技术应用，支持企业建设智能化立体仓库，围绕产品可追溯、在线调度管理、智能配货等重点环节，推动机器人、货物跟踪定位、二维码、无线射频识别、集成传感、可视化、移动信息服务、导航集成系统等技术装备在物流领域的应用，提升仓储、运输、分拣、包装等作业效率和仓储管理水平。

鼓励建设物流配送云服务平台，依托北斗导航、云计算、大数据等技术采集交通路况、气象等信息，加强对物流配送车辆、人员、温控等要素的实时监控，统筹利用相关数据资源，优化配送路线和运力，并依据实时路况动态调整，做好供应商、配送车辆、网点、用户等各环节信息的精准对接，提高配送效率。

支持企业开展物流核心技术装备研发，对物流技术装备进行原始创新、集成创新和引进消化吸收再创新，推动关键技术装备产业化。

7. 加强物流标准化建设

鼓励物流企业、行业协会、研究机构等参与国家物流业标准体系建设，加快物流技术、装备、流程、服务、安全等标准制（修）订工作，推进物流标准化进程。

积极适应物流新业态、新模式、新服务的发展需求，制（修）订一批对现代物流业发展和服务水平提升有重大促进作用的物流标准，完善全省物流标准体系框架。加强物流标准与农业、制造业、商贸业等其他行业标准的衔接，促进各种物流技术标准和服务规范标准协调一致。

8. 推进区域物流协调发展

加快完善全省城市物流节点布局，构建以广州、深圳为枢纽，珠海、佛山、惠州、东莞、中山、江门、肇庆、汕头、韶关、湛江为区域节点，河源、梅州、汕尾、阳江、茂名、清远、潮州、揭阳、云浮为支撑的三级城市物流发展布局，促进区域物流协调、联动发展。

着力推动广州、深圳建设成国家现代物流创新发展试点城市，打造成具有国际资源配置功能和国际商务营运功能的全球物流枢纽城市。持续推进珠三角区域物流一体化发展，促进优质物流资源和要素的合理流动，增强珠三角区域物流在国际市场的核心竞争力。

加快完善粤东西北地区综合交通网络，强化与珠三角地区快速便捷的交通联系，建成较为完善的出省综合运输大通道，大力发展具有特色优势的商贸、大宗货物、农产品物流产业；积极服务珠三角地区产业转移，发展生产性物流业，促进粤东西北地区与珠三角地区产业互联、互补、互动发展。

充分发挥珠三角区域物流发展的辐射带动和示范作用，推进泛珠三角区域物流设施一体化建设，加快建设区域综合交通枢纽，加强多式联运、甩挂运输等运输方式衔接，推进交通运输物流公共信息平台发展，着力构建泛珠三角区域国际物流主干网络。

9. 推动国际物流发展

充分发挥广东自由贸易试验区先行、先试优势，实施海、空、港联动，发展国际航运与物流业。加强与区外航运产业聚集区协同发展，探索形成具有国际竞争力的航运发展制度和协同运作模式。积极建设粤港澳大湾区物流枢纽，深化粤港澳在港口、机场、陆路交通、物流组织服务上的对接。

依托广州南沙、深圳前海等平台，提高广州物流业发展的辐射带动能力，推动深圳与香港共建全球性物流服务中心。积极推进粤港澳大湾区物流一体化，建设粤港澳航运服务示范区，推动粤港澳航运物流服务自由化。

10. 鼓励发展绿色物流

引导物流企业增强节能环保意识，广泛应用绿色环保的新型物流技术、装备，加快建立绿色物流运作和评估标准体系，研究制定物流设备能耗和排放检测、认证制度。

（三）重点项目

1. 高效便捷物流模式创新项目

大力推动互联网与物流活动深度融合，创新物流企业经营和服务模式，积极推广多式联运、甩挂运输、无水港、公共外库、无车承运人等新型组织模式。

发展"互联网+"运力匹配，加快公路港等物流信息平台建设，打造线上线下联动公路港网络，加强货物流量、流向的预测预警，优化货物运输路径，实现对配送场（站）、运输车辆和人员的精准调度。

推进"互联网+"运输协同，建立多式联运信息平台，促进多式联运信息共享，推行物流全程"一单制"，加强多式联运集疏运体系建设。

2. 物流园区项目

鼓励依托综合交通枢纽发展货运枢纽型物流园区及航空快件中心，做大公路港、海港、空港及高铁港物流。支持在专业（批发）市场、城市商圈发展商贸服务型物流园区，提供仓储配送、展示贸易、电子商务、金融保险等一体化综合商贸物流服务。

鼓励制造业集聚区发展生产服务型物流园区，为制造业提供采购分销、库存管理、物料计划、流通加工、运输分拨、报关报检、产品回收等全程供应链物流服务。

加快粮食物流园区建设，在珠三角、粤东、粤西、粤北的重要粮食物流节点和粮食消费集中区域，各形成1个以上集粮食储存、加工、配送、物流等为一体的粮食产业集聚区。

3. 农产品物流项目

着力完善农产品流通体系，加强产地批发市场与区域性农产品物流园区、集散中心建设，加快农产品物流枢纽平台扩容提质。支持农村电商发展，推动快递下乡工程，加强农村邮政基础设施建设，开展农产品物流配送供应试点，与超市、餐饮、学校、企业等建立对接关系。

4. 制造业物流项目

深入开展制造业与物流业联动发展试点示范项目，鼓励制造企业分离外包物流业务，支持物流企业向制造业物流服务商和供应链集成商转变。大力发展装备制造、汽车、石化、家用电器、电子信息等行业制造业物流，培育具备综合性服务能力的第三方物流企业。

5. 电子商务物流项目

加强仓储配送基地、快递转运中心等电子商务物流基础设施建设，提高电子商务物流中转、配送效率。加大农村、社区、机关、学校、地铁站等公共取（送）点建设，优化电子商务物流末端配送网点布局。

支持"网订店取（送）"、智能快件箱（包裹柜）等电子商务物流配送创新模式发展。鼓励物流（快递）企业加强与电子商务平台合作，大力推动电子运单使用。

推进电子商务与物流（快递）协同发展，推动城市物流（快递）末端投递车辆的标准化、专业化、规范化发展，合理规划物流（快递）配送车辆通行路线和货物装卸搬运地点，加强快递从业人员的基本技能培训，补齐电子商务物流的发展短板。

推进"互联网+"仓储交易，鼓励企业依托互联网、物联网等先进信息技术建立全国性或区域性仓储资源网上交易平台，推动仓储资源在线开放和实时交易，整合现有仓储设施资源，提高仓储利用效率，降低企业使用成本。

6. 物流标准化项目

完善地方物流标准体系，重点在农产品物流、冷链物流、快递物流、医药物流、电子商务物流、商贸物流等领域开展标准制（修）订工作。以国家、行业标准为基础，开展城市共同配送、甩挂运输、多式联运等物流设施设备地方标准的研究制定。

7. 物流信息与技术项目

扩大自动分拣、快速分拣、智能配货等仓储物流技术的应用，推动电子标签、信息编码、无线射频识别、自动识别技术等标识技术的应用，提高物流运作效率。支持跟踪定位系统、地理信息系统、位置服务系统、智能交通系统等物流跟踪技术的使用，鼓励物流信息采集、移动信息服务、电子数据交换、可视化等信息技术的应用，提升物流信息处理的速度，掌握全程物流运输情况。

## 四、《建设广州国际航运中心三年行动计划（2018—2020 年）》

2018 年 5 月，广州市人民政府印发了《建设广州国际航运中心三年行动计划（2018—2020 年）》。

## （一）明确广州国际航运中心发展目标

行动计划明确，到 2020 年，完成港航相关项目投资 1000 亿元，新增港口通过能力 3000 万吨、集装箱通过能力 500 万标箱；港口货物吞吐量达 6.5 亿吨，集装箱占比力争达 60%；集装箱吞吐量力争达 2500 万标箱，集装箱航线达 250 条，其中，国际班轮航线 120 条，力争每年新增 1—2 条欧美航线；集装箱吞吐量国际排名力争提升 1—2 位；商品汽车运输完成 150 万辆；邮轮旅客吞吐量完成 75 万人次，力争达 100 万人次；全市港航相关产业企业注册数超过 6 万家，本地航运企业经营船队规模超过 4000 万载重吨；港口综合能耗下降到 2.96 吨标准煤/万吨吞吐量，节能减排建设达国内领先水平。

力争经过三年努力，广州港的综合实力、现代化建设水平均走在全国港口前列，自由贸易港建设取得突破，在粤港澳大湾区世界级航运枢纽建设中发挥引领作用，广州国际航运中心建设再上新台阶。

## （二）把发展港口物流园区作为主要任务之一

计划依托南沙自由贸易试验区、南沙保税港区、广州保税区、广州国际物流园区、广州出口加工区，建设保税物流基地、保税期货交割基地、出口采购配送基地和保税离岸货物基地，建设与国际市场接轨的物流园区和保税物流网络体系。

加快临港物流仓储设施建设，力争三年新增仓储物流面积 60 万平方米，打造一批出口型物流基地和进口型分拨基地，引入国际知名第三方物流商进驻。推进南沙港区三期后方物流园、南沙跨境电子商务产业园区和粤港澳大湾区国际分拨中心等重点项目建设。

推动在南沙设立白云机场异地货站。利用保税港区后方用地、广远综合物流基地项目等，建设一批非保税仓。积极构建跨境电子商务物流服务平台和配送网络。

## （三）突出航运中心建设的技术创新，发展智慧港航

### 1. 优化信息基础应用体系

建设高速、泛在、智慧、安全的港航信息基础设施及应用系统。升级

港航业务骨干网、港区视频专网等基础设施，建立港航网络安全保障体系。构建港航信息资源桌面云和移动应用平台；扩大海事 VTS（船舶交通服务）系统规模，增大覆盖水域范围；推进重要航段、桥梁、重点码头及堆场等智能监控系统建设；整合升级广州港通讯调度指挥系统，构建港航综合管理"一张图"，提升宏观决策、管理监测、应急处置综合能力。

2. 构建港航大数据应用生态

完善港航大数据标准规范、数据应用管理体系和港航数据资源交换应用平台功能；加快大数据、云计算、商业智能等技术应用，推动国际贸易"单一窗口"升级，完善国际航行船舶联合登临检查电子平台和通关物流动态全程跟踪支撑平台，打造与银行机构的数据交互智慧平台；探索与核心互联网企业合作，推进公共信息资源开放，搭建港航数据服务共享平台，打造统一开放的港航大数据应用生态。

3. 推进物流技术装备现代化

加强北斗导航、人工智能、物联网、移动互联等先进技术在航运物流领域的应用，开展甩挂运输、多式联运、冷链运输等港航物流设施设备地方标准的研究制定；推动关键装备现代化建设，推进南沙二期堆场轮胎式门式起重机升级改造，启动南沙三期自动化空箱堆场建设和四期自动化码头建设；推进数字供应链服务平台建设，优化物流组织模式，打造"互联网+"港航物流试点示范企业；建设港口能源物流产业计量测试平台，为港口贸易公平和国际贸易提供保障。

## 五、《广东省推进电子商务与快递物流协同发展实施方案》

2018 年 8 月，广东省人民政府办公厅印发了《广东省推进电子商务与快递物流协同发展实施方案》。

### （一）强化区域性电商快递物流枢纽功能

该方案中明确了七项主要任务，其中第二项任务为"强化规划引领，完善基础设施"，在第二项任务中提到"加强基础设施网络建设：引导快递物流企业依托全国性物流节点城市、国家电子商务示范城市、快递示范城市，进一步优化快递物流网络、仓储、配送节点布局"。支持快递物流企业选择交通优势明显、商贸发达、辐射能力强的地区，依托航空物流园区、综合性物流园区等载体，建设电商快递物流节点，强化区域性电商快递物流枢纽功能。

（二）完善县、乡、村三级快递物流网络体系建设

鼓励支持邮政部门、供销合作社与当地交通、快递、物流、电商企业创新合作，整合现有网点资源，完善县、乡、村三级快递物流网络体系建设，加快建设或升级改造一批快递物流县级处理中心、乡镇配送节点、村级公共服务点，构建城乡一体化快递物流配送网络，增强快递物流企业对农村电子商务发展的支撑作用。

（三）支持"电商+快递物流园区"建设

引导有实力的快递物流企业加快资源整合，利用市场化手段开展跨地区、跨行业、跨境并购重组，壮大发展规模，完善经营网络。支持"电商+快递物流"园区建设：结合城市建设布局和功能规划，在主要供配货对象所在地、主要交通干道出入口周边以及铁路站（场）、港口码头等交通枢纽设施周边，科学合理规划建设电子商务与快递物流园区。

（四）探索推广"电商+快递物流"融合发展新模式

支持各级电子商务示范基地探索推广"电商+快递物流"融合发展新模式，延伸展示交易、仓储配送、加工包装、快递分拣、供应链金融等综合性服务功能。鼓励传统电商物流园区适应电子商务和快递业发展需求转型升级，配套建设集约化快递物流集散中心，建设集自动化设备、标准化设施、信息系统软件等功能于一体的仓配一体化项目，推动现代化"电商+快递物流"园区建设。

**六、《中共广州市委关于深入学习贯彻习近平总书记视察广东重要讲话精神实现老城市新活力的实施意见》和《中共广东省委全面深化改革委员会关于广州市推动"四个出新出彩"行动方案》**

（一）重构广州大物流体系

2019年1月，广州市委印发的《中共广州市委关于深入学习贯彻习近平总书记视察广东重要讲话精神实现老城市新活力的实施意见》中提出要加快"现代物流服务体系"建设。提出按照物流园区—物流枢纽站—物流中心—物流配送终端的架构，重构广州大物流体系，以更好地服务粤港澳大湾区建设、辐射周边城市。提高航运物流、航空物流、国际中转发展水平，做强第三方物流、第四方物流、供应链物流企业，发展绿色供应链、智慧物流、冷链物流。

（二）"双核联动、双轮驱动"，共建国际物流枢纽

2019年10月，《中共广东省委全面深化改革委员会关于广州市推动"四个出新出彩"行动方案》中提出要推动广州与深圳共同打造国际多式联运中心、全球供应链管理中心、国际物流航运中心。广州要加快完善大物流格局，强化与深圳的"双核联动、双轮驱动"，共建国际物流枢纽。

**七、《粤港澳大湾区发展规划纲要》**

2019年2月18日，中共中央、国务院印发了《粤港澳大湾区发展规划纲要》。

《粤港澳大湾区发展规划纲要》对粤港澳大湾区的港口、机场、综合运输、快速交通网等方面提出了规划。

（一）提升珠三角港口群国际竞争力

巩固提升香港国际航运中心地位，支持香港发展船舶管理及租赁、船舶融资、海事保险、海事法律及争议解决等高端航运服务业，并为内地和澳门企业提供服务。增强广州、深圳国际航运综合服务功能，进一步提升

港口、航道等基础设施服务能力，与香港形成优势互补、互惠共赢的港口、航运、物流和配套服务体系，增强港口群整体国际竞争力。以沿海主要港口为重点，完善内河航道与疏港铁路、公路等集疏运网络。

（二）建设世界级机场群

巩固提升香港国际航空枢纽地位，强化航空管理培训中心功能，提升广州和深圳机场国际枢纽竞争力，增强澳门、珠海等机场功能，推进大湾区机场错位发展和良性互动。支持香港机场第三跑道建设和澳门机场改扩建项目，实施广州、深圳等机场改扩建，开展广州新机场的前期研究工作，研究建设一批支线机场和通用机场。进一步扩大粤港澳大湾区的境内、外航空网络，积极推动开展多式联运代码共享。依托香港金融和物流优势，发展高增值货运、飞机租赁和航空融资业务等。支持澳门机场发展区域公务机业务。加强空域协调和空管协作，优化调整空域结构，提高空域资源使用效率，提升空管保障能力。深化低空空域管理改革，加快通用航空发展，稳步发展跨境直升机服务，建设深圳、珠海通用航空产业综合示范区。推进广州、深圳临空经济区发展。

（三）畅通对外综合运输通道

完善粤港澳大湾区经粤东西北至周边省区的综合运输通道。推进赣州至深圳、广州至汕尾、深圳至茂名、岑溪至罗定等铁路项目建设，适时开展广州经茂名、湛江至海安铁路和柳州至肇庆铁路等区域性通道项目前期工作，研究广州至清远铁路进一步延伸的可行性。有序推进沈海高速（G15）和京港澳高速（G4）等国家高速公路交通繁忙路段的扩容改造进程。加快构建以广州、深圳为枢纽，高速公路、高速铁路和快速铁路等广东出省通道为骨干，连接泛珠三角区域和东盟国家的陆路国际大通道。

（四）构筑粤港澳大湾区快速交通网络

以连通内地与港澳及珠江口东西两岸为重点，构建以高速铁路、城际铁路和高等级公路为主体的城际快速交通网络，力争实现粤港澳大湾区主要城市间1小时通达。

编制粤港澳大湾区城际（铁路）建设规划，完善粤港澳大湾区铁路骨干网络，加快城际铁路建设，有序规划珠三角主要城市的城市轨道交通项目。

加快深中通道、虎门二桥过江通道建设。创新通关模式，更好地发挥广深港高速铁路、港珠澳大桥作用。推进莲塘口岸（莲塘/香园围口岸）、青茂口岸（粤澳新通道）、横琴口岸、广深港高速铁路西九龙站等新口岸项目的规划建设。

加强港澳与内地的交通联系，推进城市轨道交通等各种运输方式的有效对接，构建安全、便捷的换乘换装体系，提升粤港澳口岸通关能力和通关便利化水平，促进人员、物资高效便捷流动。

（五）提升客货运输服务水平

按照零距离换乘、无缝化衔接目标，完善重大交通设施布局，积极推进干线铁路、城际铁路、市域（郊）铁路等引入机场，提升机场集疏运能力。加快广州—深圳国际性综合交通枢纽建设。推进粤港澳大湾区城际客运公交化运营，推广"一票式"联程和"一卡通"服务。构建现代货运物流体系，加快发展铁水、公铁、空铁、江河海联运和"一单制"联运服务。加快智能交通系统建设，推进物联网、云计算、大数据等信息技术在交通运输领域的创新集成应用。

## 八、《加快推进广州市物流园区整治提升三年行动计划（2019—2021年）》

2019年6月，广州市交通运输局统筹制定了《加快推进广州市物流园区整治提升三年行动计划（2019—2021年）》，以落实《广州市城市更新三年行动计划（2019—2021年）》，助力广州实现老城市新活力，进一步优化物流园区布局，推动物流园区整治提升，构建与城市和产业发展相适应的物流体系。

（一）明确对中心城区物流园区转型疏解的时序安排

全面摸查物流园区在分布情况、用地性质，权属单位和属性、用地规模、构筑物状态、租赁期限、合同金额、服务种类及企业特点等信息的基础上，结合城市路网规划建设，研究中心城区物流园区分类处理意见，明确物流园区转型疏解的时序安排。

（二）开展中心城区物流园区转型疏解的试点与推广

通过物流协会、道路运输协会等行业组织，了解物流园区、物流企业对外迁发展的具体诉求，借鉴北京、上海、郑州、成都等城市园区的外迁经验和教训，特别是相关推动政策的实施效果，积极借鉴、学习外地市行之有效的操作模式和配套引导、支持政策，指导广州中心城区开展物流园区转型疏解。

结合基层调研，在白云区选择试点村街，探索适合广州物流园区实际情况的有效疏解模式和配套引导、支持政策，以点带面，为全市物流园区转型疏解工作提供成功经验。

根据传统货运站（场）主要聚集在白云区的情况，结合白云区区域规划和产业布局政策，重点推进白云区"西部科技走廊"范围（东至新广花快速机场高速，西至珠江西航道，南至石井河，北至流溪河）内货运站（场）的整治提升计划，引导区域范围内的货运站（场）转型疏解。

结合全市国土空间规划和物流发展布局规划，对中心城区的物流园区按已明确的分类处理意见，结合产业调整和城市更新等方式逐步进行清理和转型。对保留的物流园区，提升园区运输管理水平，营造物流园区发展的良好环境。

广州市公交集团全面摸查梳理所管理的国有货运站（场）及货运物流资源，结合货运站（场）经营现状和场地租赁期限情况、城市发展规划、产业布局规划等，提出集团整体货运站（场）整治提升的计划和目标并推动落实，充分体现和发挥国有企业的示范、带动和辐射作用。

（三）严把物流园区项目准入关

按照全市国土空间规划和现代物流发展布局规划，严把项目准入关，对中心城区不符合相关规划和城市发展要求的物流园区项目，不得办理相关许可和登记手续。

严格查处物流园区及园区内经营业（户）无证照经营行为，对无证照经营的企业坚决予以清理，对存在违法违规行为的依法依规追究相关企业、人员责任，促进物流园区疏解和规范化管理。

（四）完善物流发展用地政策

完善物流业发展用地政策，引导土地资源集约化利用，在物流规划用地上给予政策支持，在发展商贸、工业项目以及建设交通枢纽的用地规划中预留配套物流产业用地，为物流园区从中心城区向城市外围发展提供用地保障。

（五）推动绿色物流配送

严格执行现行货车限行措施，加大物流园区聚集区易拥堵路段的执法力度，严格查处违反货车限行措施的车辆。

摸查全市货车的保有量，根据车辆类别，研究可推广使用新能源物流车的种类。在摸清底数的基础上，制定我市推广新能源物流车工作方案，明确相关配套措施和扶持政策，鼓励推广使用新能源物流车。加快运输工具的新能源化更新步伐，提升货运行业的环保水平。

在中心城区范围内划定绿色物流配送区域，研究绿色物流配送区域新能源物流配送货车的通行优惠措施。

在城市物流配送标准化应用的基础上，贯彻城市物流配送相关国家、地方标准。鼓励采用标准化、系列化、规范化设施，推广应用物流设备信息化技术。结合城市绿色货运和城乡物流配送创建工作，研究制定广州城市物流绿色货运标准化体系。

交通、商务、公安等部门加强协调和联动，结合国家绿色货运配送示范工程创建城市和城乡高效配送试点城市建设，扶持龙头快递企业、分销企业、城市配送重点企业，构建绿色高效配送节点体系，更新应用纯电动新能源货车，提升城乡配送、物流快递效率，解决城区居民生活消费、产业发展配套的物流需求，避免因大量的物流园区疏解造成城市物流成本增加的负面影响。

### （六）推动物流路网建设

结合省、市政府关于沙贝立交等周边区域整治的工作要求，加快推进广清高速连接线地面辅道和增槎路升级改造工程。加快推进广从、广花、广汕路等项目的快捷化改造。根据属地物流园区改造需要，大力支持疏解区域的路网改造、更新项目，重点对白云区西部科技走廊建设的相关项目给了大力支持，确保物流园区迁出腾空区落实配套路网建设，为产业转型提供良好的外部路网交通环境。

## 九、《广州市推进粤港澳大湾区建设三年行动计划（2018—2020年）》

为深入学习贯彻习近平总书记关于粤港澳大湾区建设的重要讲话精神，深入贯彻落实《粤港澳大湾区发展规划纲要》和《中共广州市委、广州市人民政府关于贯彻落实〈粤港澳大湾区发展规划纲要〉的实施意见》，进一步明确广州市粤港澳大湾区建设的重点任务和责任分工，确保到2020年为粤港澳大湾区建设打下坚实的基础，广州市推进粤港澳大湾区建设领导小组印发了《广州市推进粤港澳大湾区建设三年行动计划（2018—2020年）》。

《广州市推进粤港澳大湾区建设三年行动计划（2018—2020年）》中有一项重点任务，即"狠抓'3+3+3'工作落实"，强调"制定旧城区、旧厂房、旧村庄更新改造和专业（批发）市场、物流园、村级工业园整治提升及违法建设拆除、黑臭水体治理、'散乱污'企业整治等工作的三年行动计划和年度计划，并且研究出台相关政策。具体指出加快推进海珠广场至沙面沿江路沿线环境整治工程。推进恩宁路，二期微改造项目，改善人居环境，推动业态升级。开展全省'三旧'改造改革创新试点项目，以体制机制创新破解国家中心城市区域'三旧'改造难题"。

《广州市推进粤港澳大湾区建设三年行动计划（2018—2020年）》提到要对物流园区进行整治提升及升级改造。

## 十、《广东省国民经济和社会发展第十四个五年规划和 2035 年远景目标纲要》

2021 年 1 月 26 日广东省十三届人大四次会议审议批准了《广东省国民经济和社会发展第十四个五年规划和 2035 年远景目标纲要》（以下简称《广东省"十四五"规划》）。

（一）现代物流业快速发展

《广东省"十四五"规划》中提出，现代产业体系初步形成：现代物流业、电子商务业、健康服务业快速发展，新兴服务产业和跨境电商、市场采购贸易等新业态、新模式蓬勃发展。

（二）粤港澳携手建设国际物流枢纽

《广东省"十四五"规划》中提出，加强粤港澳服务业合作：依托粤港澳现代服务业优势，以航运物流、金融服务、文化创意、会议展览及会计、法律、咨询等专业服务为重点，构建错位发展、优势互补、协作配套的现代服务业体系。推进跨境电商与快递物流协同发展，大力发展第三方物流和冷链物流，加强粤港澳物流标准衔接，携手建设国际物流枢纽。

（三）加快建设现代流通体系

加快建设现代流通体系：统筹推进现代流通体系硬件和软件建设，提升全球资源配置能力。有效整合物流基础设施资源，加快建设内联外通的综合交通运输网络，打造国家物流枢纽和骨干冷链物流基地，提高物流效率，提升对服务供应链的重要支撑作用。大力推动快递物流、冷链物流体系高质量发展，完善城乡物流配送体系。

发展流通新技术、新业态、新模式，推动构建新型物流营运平台和信息平台，积极发展无人机（车）物流，支持无接触交易服务。支持物流运输组织形式和经营模式创新，鼓励生产、商贸等企业与物流企业联动，培育形成具有国际竞争力的流通企业，积极稳妥推进境外分销服务网络、物流配送中心等设施建设，提高国际供应链服务质量。

（四）构筑国际先进的融合基础设施体系

构筑国际先进的融合基础设施体系：推广集约高效的智能物流设施，推动货、车（船、飞机）、场等物流要素数字化建设，支持物流园区和仓储设施智慧化升级。

发展高品质的客货运输服务：按照"无缝衔接"的要求，依托港口、铁路、机场等货运场（站），统一标准和规则，规划建设广州东部公铁联运枢纽、深圳空港型国家物流枢纽、汕头广澳国际集装箱物流中心等一批铁路物流基地、港口物流枢纽、航空转运中心，大力发展"一单式"货运服务。

（五）把物流枢纽工程列为重大项目工程之一

《广东省"十四五"规划》中提出，"十四五"时期广东省综合交通运输体系重大项目工程之一为物流枢纽工程。重点建设广州港口型国家物流枢纽、广州东部公铁联运枢纽、深圳空港型国家物流枢纽、湛江市港口型国家物流枢纽、广珠铁路官窑货场物流园、汕头广澳国际集装箱物流中心等项目。

（六）发展综合保税区和保税物流中心

《广东省"十四五"规划》中提出，推进投资贸易自由化、便利化，争取新设置一批综合保税区和保税物流中心。

（七）发展乡村物流

《广东省"十四五"规划》中提出，提升乡村基础设施和公共服务水平：加快构建农村物流基础设施骨干网络，提升乡村基础设施与公共服务便捷化水平，开展乡村生活圈示范创建计划。

把"农村基础设施补短板工程"列入"十四五"时期广东省农业农村重点工程，完成1.6万千米村道硬化建设。

实施宽带乡村工程。建设区域性农产品产地和田间地头仓储冷链物流设施，建设乡村物流设施示范村1000个。

（八）实现跨区域协同发展

《广东省"十四五"规划》中提出，推动"一核一带一区"协同联动发展。加快补齐能源水利信息物流设施短板，实施天然气管道"县县通"工程，完善东西两翼地区和北部生态发展区物流基础设施网络，推动东西两翼地区和北部生态发展区信息基础设施发展水平进入全国前列。

增强维护海洋权益和保障海上安全能力。聚焦我国参与国际能源合作、物流转运、渔业生物资源利用等领域，打造服务南海、支撑国家发展战略的重要平台。

保障粮食安全：不断完善港口设施，优化北粮南运和进口原粮粮食物流枢纽功能，提升粤北生态区铁路、公路粮食输入物流节点服务能力。

## 十一、《广州市精准支持现代物流高质量发展的若干措施》

（一）发展目标

2021年3月，广州市人民政府印发了《广州市精准支持现代物流高质量发展的若干措施》，旨在贯彻习近平新时代中国特色社会主义思想，全面落实构建以国内大循环为主体、国内国际双循环相互促进的新发展格局战略，推动广州加快建设"全球效率最高、成本最低、最具竞争力"的国际物流中心，营造现代物流和供应链良好的发展环境，促进现代物流高质量发展，不断完善提升国家中心城市功能、产业能级和核心竞争力。

（二）主要举措

文件就加快精准支持现代物流高质量发展方面，制定了6大方面15项具体举措，并且明确了每项举措的责任单位，要求市发展改革委、市交通运输局、市商务局、市规划和自然资源局、市港务局、市空港经济区管委会、广州港集团、市海关、市住房城乡建设局、市工业和信息化局、市生态环境局、市市场监管局、市财政局、市邮政管理局、黄埔海关、中国铁路广州局集团等部门依照分工做好落实。

六大方面的举措包括建设高质量现代物流基础设施建设、健全现代物流公共平台体系、支持现代物流和供应链企业成链集群发展、强化优质产业项目要素保障、支持物流创新发展、强化财政资金引导作用等。

## 十二、《广州市国民经济和社会发展第十四个五年规划和 2035 年远景目标纲要》

2021 年 5 月 19 日，广州市人民政府印发了《广州市国民经济和社会发展第十四个五年规划和 2035 年远景目标纲要》（以下简称《广州市"十四五"规划》），对广州物流产业和物流园区发展制定了明确的规划和方向。

（一）做强现代海上航运物流

壮大海洋高端装备、海洋电子信息、海洋生物医药等优势产业，发展海洋高端服务业、海洋新能源等新兴产业；提升传统海洋产业，完善临港冷链物流发展体系，建设现代远洋渔业集聚中心。

（二）完善现代流通体系

坚持国际性综合交通枢纽这个立市之本、强市之基，高标准建成畅通全市、贯通全省、联通全国、融通全球的现代化交通网络，完善现代流通体系，推进数字港与空港、海港、铁路港联动赋能，增强全球高端资源要素集聚辐射能力，基本建成全球重要交通枢纽和国际物流中心。

（三）把广州打造为国际物流中心

优化现代物流枢纽网络：依托重大交通枢纽和重大产业园区，构建"5+10+N"物流枢纽布局，打造全球效率最高、成本最低、最具竞争力的国际物流中心。

推进广州港口型国家物流枢纽试点，加快建设广州空港物流枢纽、南沙海铁联运枢纽、广州东部公铁联运枢纽。

完善城市配送节点网络，健全乡村物流配送体系。推动形成陆海内外联动、区域协调互济的国际物流通道，拓展航空货运航线、促进现代物流集群创新发展。

加快广州南沙国际物流中心、邮政华南陆路邮件处理中心等建设，发展冷链物流、电商物流、汽车物流，引导传统运输仓储企业向物流服务上下游延伸，拓展供应链增值服务。建设公用甩挂作业场（站）、第四方物流和虚拟仓平台，发展智慧物流、绿色物流。

建设全国供应链创新与应用试点城市，发挥航空物流、航运物流产业联盟作用，吸引供应链管理总部型企业落户。建立健全物流政务信息跨部门协调机制，推动交通、公安、海关等物流信息互联，建设资质认证、信息共享、通关查验、信用评价等"一站式"线上公共服务平台。鼓励物流与制造企业合作建设供应链协同平台，向社会提供公共物流服务。

《广州市"十四五"规划》中提出，"5+10+N"物流枢纽包括：特大型物流枢纽5个，分别是广州空港物流枢纽、广州南沙港物流枢纽、广州东部公铁联运枢纽、广州铁路集装箱中心站公铁联运枢纽、广清空港现代物流产业新城；大型物流枢纽10个，分别是黄埔港物流枢纽、小虎沙仔物流枢纽、花都港物流枢纽、番禺化龙物流枢纽、钟落潭物流枢纽、广州高铁快运物流枢纽、白云太和物流枢纽、花都狮岭物流枢纽、下元物流枢纽、从化明珠物流枢纽；节点型物流枢纽多个，如鱼窝头、龙溪、新塘等节点型物流枢纽。

（四）加快实现"三园"转型

《广州市"十四五"规划》中提出，要加快实现"三园"转型：以中心城区、重点功能区为重点，协同推进村级工业园区整治提升、专业（批发）市场转型升级、中心城区物流园区疏解外迁和布局优化，加快导入高端产业，把"三园"打造成产业转型升级先行区、功能优化完善承载区、环境改善提升示范区。完善村级工业园区转型政策，调动区、街（镇）及村集体参与改造的积极性，推进541个村级工业园区整治提升，打造一批村级工业园区功能转换示范项目。推进专业（批发）市场升级改造和转型疏解，培育一批转型升级示范性（批发）市场，实现功能转换、业态升级。优化物流用地等支持政策，分类有序推进11个物流园区转型升级，规划建设一批现代化智慧物流产业集聚区，促进物流中转功能向大型交通物流枢纽集聚。

## 十三、物流园区发展的相关政策分析

### （一）政府高度重视，政策密集且具体

近年来，广州高度重视物流产业，特别是物流园区的发展，支撑广州国家中心城市、国际商贸中心城市、枢纽性网络城市、全球供应链管理中心、国际物流航运中心的城市定位发展，针对广州物流园区发展中存在的问题，先后出台了一系列指导和支持物流园区发展的政策并组织实施，总体来讲，取得了明显的建设成效。

### （二）前期规划取得了较好成效

《广州市现代物流发展规划（2012—2020）》从 2012 年实施至今，已经成功落地的有空港（白云）国际物流园区、黄埔国际物流园区、南沙国际物流园区。其中，空港（白云）国际物流园区和黄埔国际物流园区已经建成并运行良好；南沙国际物流园区也初具规模；白云物流园区面临着拆迁压力，芳村、增城、番禺、花都等物流园区建设因各种原因，未能达到理想目标。

典型的空港（白云）国际物流园区依托白云空港，目前已经建成，运作也比较成功。广州空港经济区位于广州中北部，环绕广州白云国际机场。总体规划范围约 439 平方千米，重点开发区域约 116 平方千米，是广州打造"枢纽型网络城市"的重要一环。广州空港经济区由广州空港经济区管理委员会行使市一级经济管理权限，承接广州市、区两级政府的发改、商务、规划、国土、建设、环保、工商等职能。重点发展的产业有跨境电子商务、航空总部、航空物流、商贸会展、航空维修制造及融资租赁等。广州空港经济区整体规划区东起流溪河，西至 106 国道、镜湖大道，南起北二环高速，北至花都大道的区域，加上白云机场综保区北区和南区

范围，将充分依托白云国际机场、广州北站、大田铁路集装箱中心站"三港"，打造全球综合航空枢纽、辐射带动珠三角、华南地区的经济发展和产业提升。其中，广州白云机场共开通航线近300条（国际航线149条），覆盖了国内主要一、二线城市，可直达亚太、欧美、非洲各大城市。完善的航线网络为客源、货源的便利组织和高效集散创造了良好条件。

《广州国际航运中心三年行动计划（2018—2020年）》是广州市政府决心对港口物流从外延式发展转为内涵式发展的政策转变。经过2年的实践，已取得初步成效（详见第七章广州物流园区发展调查部分），并且得到了国家的认可。国家发改委、交通运输部联合印发了《关于做好2019年国家物流枢纽建设工作的通知》，确定了首批国家物流枢纽建设名单，共有23个物流枢纽入选。其中，广州入选空港型和港口型物流枢纽。

《加快推进广州市物流园区整治提升三年行动计划（2019—2021年）》，经过2019年行动方案的落实，2019年度整治提升18个物流园区的任务已提前完成，释放存量土地96.58万平方米。黄埔、海珠区主动提升计划外的规模以上（占地面积5000平方米及以上）物流园区24家，释放存量土地约39.66万平方米。同时，各区政府制定了本辖区内物流园区整治提升工作计划。白云区已完成吴越、积邦、诚盛、庆民、锦亿、顺达权智等13个物流园区的清理疏解工作。城门河物流园区已转型升级为汽贸城，已进驻8家汽车4S店，商户进驻率超过90%，年产值约20亿元。白云区13个完成整治的物流园区，也已完成土地收储，将用于建设白云湖数字科技园。海珠区对列入2019年整治提升计划的2家物流园（逸景路289号、逸景路333号）已经采取了关停措施，争取尽快引入新业态。黄埔区已完成广州港集团黄埔港分公司洪圣沙园区的清理疏解工作。

（三）政策指引越来越清晰

经过上述文件的实施，广州物流园区升级改造已取得较大进展，积累了许多好的经验，随着《粤港澳大湾区发展规划纲要》落地，《广州市实现老城市新活力的实施意见》和《广州市推动"四个出新出彩"行动方案》相继出台，配合广州城市发展和产业升级，对广州物流园区发展的政策指引越来越清晰，定位也越来越高，需要更加完善、清晰、高效、创新的对策措施来保障落实。

**（四）广州物流园区发展要融入大湾区整体发展**

粤港澳大湾区建设要求推进基础设施互联互通，加强机场、港口、高快速路、轨道交通等基础设施互联互通。《中共广东省委全面深化改革委员会关于广州市推动"四个出新出彩"行动方案》强调广州要充分发挥好粤港澳大湾区和深圳先行示范区"双轮驱动"的作用，不断强化广深"双核联动"，深化珠三角城市战略合作，加快推进"四个出新出彩"，实现老城市新活力，为构建"一核一带一区"区域发展新格局提供有力支撑。所以，广州物流园区规划要融入大湾区的整体发展，特别是与深圳的合作共享，推动广州与深圳共同打造国际多式联运中心、全球供应链管理中心、国际物流航运中心。加深国际华南物流园（深圳）综合进口保税仓储、出口监管仓储、国际集装箱堆存中转、粤港转关接驳、绿色通道等业务，推出全新的"内陆物流港"经营模式，整合深港两地物流资源，构筑深港物流"绿色通道"，全面打造符合现代物流发展的"保税物流中心"等先进模式，以供借鉴。

# 第二节　战略背景与机遇

物流园区发展初期的功能主要表现为物流活动聚集的载体和场所，随着经济社会的发展，物流园区的功能也随之发生了较大变化，而今物流园区已经发展成物流业实现网络化、信息化、集约化、规模化的重要的支撑点。早期，经济和产业的发展催生并促进了物流园区的产生和发展；如今，物流园区已转变为超前体现经济转型的新业态。

中国是世界制造业大国，已经连续11年位居世界最大制造业大国，主要依靠产品出口来拉动经济增长，然而，近年来，随着我国人口红利的逐渐消失，经济增速也开始随之放缓。目前，中国经济急需调结构和转方式。调结构就是要提高服务业在整个国民经济当中的比重。转方式就是要转变以前主要靠投入为主、靠要素来拉动经济增长的方式，转向提升经济的内生性，靠消费、服务和创新的升级来拉动经济增长。

为加快调结构、转方式的步伐，自十八大以来，中央部署了优化经济发展空间格局的新战略，即"一带一路"、粤港澳大湾区、南沙自贸区等区域性经济发展战略，并且提出了明确的战略要求，这都为广州物流园区的建设带来了机遇和挑战。

## 一、"一带一路"建设与广州物流园区发展

### （一）中国经济安全面临严峻挑战

当前，中国经济面临的国际环境、国内环境均不容乐观。从国际环境看，近年来，发达国家经济增长乏力，发展中国家和新兴市场国家经济增长也明显减速。按照 IMF（国际货币基金组织）发布的分析报告，因为新冠肺炎疫情的冲击，2020 年全球各国、各地区的经济总量或将由 2019 年的 87.55 万亿美元，缩减至 83.84 万亿美元。其中，所有发达国家的 2020 年 GDP 或降至 49.81 万亿美元，所有发展中国家的 GDP 或下滑至 34.04 万亿美元。由此可见，国外的需求水平较低，需求不足直接导致其进口量的大幅降低。

从国内环境看，中国目前处于经济结构调整和发展方式转变的关键时期，国民经济结束了高速增长，现在及未来一段时间内，国民经济温和增长将成为新常态。甚至，在未来较长一段时间内，由于资源消耗、区域差异和特定产业的供需错配等多方面的原因将导致我国面临经济下行压力。国家统计局公布的《2020 年国民经济和社会发展统计公报》显示，2020 年我国 GDP 增速为 2.3%。排除新冠肺炎疫情原因，多家商业研究机构认为我国的宏观经济走势将继续在低位徘徊。

我国经济安全面临严峻挑战。比如，由西方发达国家主导的跨大西洋

贸易与投资伙伴关系协定（TTIP）和跨太平洋伙伴关系协定（TPP）协议几乎把中国最重要的贸易伙伴囊括在内，却唯独把中国排斥在外；另外，"南海自由航行"、日本和菲律宾与中国的海域纠纷等问题也对我国的海上战略通道造成严重威胁，粮食、能源等国民经济关键物资的供应面临巨大风险。

（二）"一带一路"是我国应对挑战、实现可持续发展的重要途径

2013 年 9 月，习近平主席分别在哈萨克斯坦扎尔巴耶夫大学和印度尼西亚国会发表演讲时正式向世界提出了"丝绸之路经济带"和"21 世纪海上丝绸之路"的发展战略，也就是后来广为人知的"一带一路"倡议。

"一带一路"覆盖亚洲、欧洲和北非的 65 个国家，拥有全球约 65%的人口，经济总规模也占到世界经济总量的约三分之一。广博的地理区域和庞大的经济规模使得"一带一路"覆盖区域拥有了深厚的发展底蕴和无限的发展潜力。在当前世界经济持续低迷的特殊时期，"一带一路"建设为广大沿线国家带来了重要的发展机遇，这一重大举措对打造新的世界经济活力区域，推进该区域内部经济乃至世界经济的发展具有特别重要的现实意义。同时，"一带一路"建设对于解决我国当前面临的严峻挑战、密切我国与世界其他国家和地区的经济联系、增强我国经济可持续发展能力、提升我国经济安全水平等各方面都具有重要意义。

"一带一路"建设对我国的战略作用主要体现在三个方面：

第一，从国际贸易方面看，近年来，随着经济发展、人口红利的消失，传统的贸易模式逐渐受到其他发展中国家的竞争；而且随着我国科技的发展和觉醒，我们发现很多核心技术和核心零部件的设计和生产都还掌握在发达国家手中。由此可见，我国必须依靠技术创新努力向价值链高端进发。"一带一路"沿线的多数国家是欠发达国家，对公共基础设施有着巨大的需求，中国在这方面具有明显的技术和资金上的比较优势，有利于我国利用充足的外汇储备通过资本输出带动国内过剩产能的消化。

第二，从国家安全方面看，"一带一路"建设有助于改善我国粮食、能源等战略性资源严重依赖少数国家和海运通道的状况，增强国民经济重

要物资的供给安全。同时，我国当前的经济重心主要集中在东南沿海城市，一旦这些城市遭受战争，我国经济将会受到沉重打击，但在"一带一路"的带动下，我国西部的快速发展可以增强我国的战略纵深和经济系统的抗打击性。

第三，从地缘政治来看，"一带一路"建设有利于加强我国和亚洲、欧洲和非洲的经济合作和融合，在对冲美国 TTIP 和 TPP 的同时抢占全球贸易新规则制定权，为我国的长期发展争取战略优势。

（三）物流园区建设和发展对推进"一带一路"建设的顺利实施具有重要作用

"一带一路"建设需要通过基础设施、规章制度和人员交流三个方面的建设实现政策沟通、设施联通、贸易畅通、资金融通和民心相通。其中，政治沟通是"一带一路"建设所倡导的通过平等对话、共同协商、共享发展的政治主张；贸易畅通和资金融通是"一带一路"的经济追求，也是该倡议的实质性内容之一，更是"一带一路"的突破口。这是因为搁置政治分歧，通过经贸往来实现互利共赢，是各方最容易接受也是最容易实现的合作方式。只有让沿线国家享有实实在在的经济利益，他们才会真心实意地加入"一带一路"建设中来；民心相通则是"一带一路"倡议的构建和谐世界的社会愿景，这是"一带一路"建设的高级目标；但以上这一切都需要以设施联通为基础。

就目前来看，基础设施建设已经成为制约"一带一路"沿线国家深化合作的薄弱环节，主要体现在重要路段功能缺失、技术标准不统一、信息网络不通畅等。要特别指出的是，在各类基础设施中，物流园区承担着货物集散、信息交换、运输组织、加工增值等多方面的功能，是现代物流最重要的基础设施之一。

目前，我国物流园区建设已初具规模，但是由于规划时间较早，也没有放到"一带一路"建设背景下进行考虑，不能很好地满足"一带一路"建设下物流的特点。考虑到"一带一路"建设的推行必然会产生大量商品的长途运输、短距离配送、仓储以及相关辅助服务等多方面的物流服务需求，为了提高物流效率，支持商品贸易的高效顺畅进行，必须建设与"一带一路"物流需求特点相匹配的物流园区。因此，根据"一带一路"建设对物流的需求特点，科学合理地加强沿线省、市物流园区的建设及升级改造是保证"一带一路"建设顺利实施的必要条件。

## 二、粤港澳大湾区建设与广州物流园区发展

### （一）粤港澳大湾区简介

粤港澳大湾区（Guangdong-Hong Kong-Macao Greater Bay Area，缩写GBA）由香港、澳门两个特别行政区和广东省广州、深圳、珠海、佛山、惠州、东莞、中山、江门、肇庆九个珠三角城市组成，总面积约5.6万平方千米，截至2018年末，总人口已达7000万人，是中国开放程度最高、经济活力最强的区域之一，在国家发展大局中具有重要的战略地位。

推进粤港澳大湾区建设，是以习近平同志为核心的党中央作出的重大决策，是习近平总书记亲自谋划、亲自部署、亲自推动的国家战略，是新时代推动形成全面开放新格局的新举措，也是推动"一国两制"事业发展的新实践。推进建设粤港澳大湾区，有利于深化内地和港澳交流合作，对港澳参与国家发展战略，提升竞争力，保持长期繁荣稳定具有重要意义。

2017年7月1日，习近平总书记出席《深化粤港澳合作 推进大湾区建设框架协议》签署仪式。2019年2月18日，中共中央、国务院印发了《粤港澳大湾区发展规划纲要》。按照规划纲要，粤港澳大湾区不仅要建成充满活力的世界级城市群、国际科技创新中心、"一带一路"建设的重要支撑、内地与港澳深度合作示范区，还要打造成"宜居宜业宜游"的优质生活圈，成为高质量发展的典范。以香港、澳门、广州、深圳四大中心城市作为区域发展的核心引擎。粤港澳大湾区与美国纽约湾区、旧金山湾区、日本东京湾区并称世界四大湾区。

### （二）《粤港澳大湾区发展规划纲要》助推广州物流园区建设与发展

《粤港澳大湾区发展规划纲要》全面详细地阐述了粤港澳大湾区的发

展规划。其中，与物流相关的内容包括：

1. 加快现代综合交通运输体系形成，推进粤港澳物流合作发展

《粤港澳大湾区发展规划纲要》指出，加强基础设施建设，畅通对外联系通道，提升内部联通水平，推动形成布局合理、功能完善、衔接顺畅、运作高效的基础设施网络，为粤港澳大湾区经济社会发展提供有力支撑。以香港、澳门、广州、深圳四大中心城市作为区域发展的核心引擎，继续发挥比较优势，做优做强，增强对周边区域发展的辐射带动作用。

粤港澳大湾区地处我国沿海开放前沿，以泛珠三角区域为广阔发展腹地，在"一带一路"建设中具有重要地位，且交通条件便利，拥有香港国际航运中心和吞吐量位居世界前列的广州、深圳等重要港口，以及香港、广州、深圳等具有国际影响力的航空枢纽，利于现代综合交通运输体系的加速形成。这又主要表现在六个方面：

第一，提升珠三角港口群国际竞争力。巩固提升香港国际航运中心地位，增强广州、深圳国际航运综合服务功能，进一步提升港口、航道等基础设施服务能力，与香港形成优势互补、互惠共赢的港口、航运、物流和配套服务体系，增强港口群整体国际竞争力。以沿海主要港口为重点，完善内河航道与疏港铁路、公路等集疏运网络。

第二，建设世界级机场群。巩固提升香港国际航空枢纽地位，强化航空管理培训中心功能，提升广州和深圳机场国际枢纽竞争力，增强澳门、珠海等机场功能，推进粤港澳大湾区机场错位发展和良性互动。

第三，畅通对外综合运输通道。完善粤港澳大湾区经粤东西北至周边省区的综合运输通道。推进赣州至深圳、广州至汕尾、深圳至茂名、岑溪至罗定等铁路项目建设，加快构建以广州、深圳为枢纽，高速公路、高速铁路和快速铁路等广东出省通道为骨干，连接泛珠三角区域和东盟国家的陆路国际大通道。

第四，构筑粤港澳大湾区快速交通网络。以连通内地与港澳以及珠江口东西两岸为重点，构建以高速铁路、城际铁路和高等级公路为主体的城际快速交通网络。编制粤港澳大湾区城际建设规划，完善粤港澳大湾区铁

路骨干网络。

第五，推进粤港澳物流合作发展，大力发展第三方物流和冷链物流项目，提高供应链管理水平，建设国际物流枢纽。

第六，为促进人员货物往来便利化，研究制定港澳与内地车辆通行政策和配套交通管理措施，促进交通物流发展。

2. 加强参与"一带一路"建设，推进航运、物流等的发展和投资便利化

《粤港澳大湾区发展规划纲要》提出要深化粤港澳合作，进一步优化珠三角九市投资和营商环境，提升粤港澳大湾区市场一体化水平，全面对接国际高标准市场规则体系，加快构建开放型经济新体制，形成全方位开放格局，共创国际经济贸易合作新优势，为"一带一路"建设提供有力支撑。加强"一带一路"建设，发挥港澳在国家对外开放中的功能和作用，提高珠三角九市开放型经济发展水平，促进国际国内两个市场、两种资源有效对接，在更高层次上参与国际经济合作和竞争，建设具有重要影响力的国际交通物流枢纽和国际文化交往中心。依托以高速铁路、城际铁路和高等级公路为主体的快速交通网络与港口群和机场群，构建区域经济发展轴带，形成主要城市间高效连接的网络化空间格局。更好地发挥港珠澳大桥作用，加快建设深中通道、深茂铁路等重要交通设施，提高珠江西岸地区发展水平，促进东西两岸协同发展。

综上所述，《粤港澳大湾区发展规划纲要》提出的加强基础设施建设，畅通对外联系通道，提升内部联通水平，推动形成布局合理、功能完善、衔接顺畅、运作高效的基础设施网络的要求对广州物流园区的建设和发展提出了新要求和新任务。

### 三、南沙自贸区建设与广州物流园区发展

经济全球化的到来使世界各国的经济联系日益密切，世界金融、贸易格局也出现了一系列的变化，南沙自贸区正是在这样的背景下应运而生，

它一方面能够提升贸易的国际化与法制化；另一方面，也带动了国际物流产业的发展。

（一）南沙自贸区简介

广州南沙自贸区是中共中央政治局 2015 年 3 月 24 日召开会议，审议通过《关于加快推进生态文明建设的意见》，审议通过广东（三大片区：广州南沙自贸区、深圳蛇口自贸区、珠海横琴自贸区）、天津、福建自由贸易试验区总体方案和进一步深化上海自由贸易试验区改革开放方案。

2017 年 2 月 27 日，广东省委书记胡春华、省长马兴瑞赴广州南沙调研检查广东自贸区建设情况，强调要贯彻落实习近平总书记重要指示精神，加快推进自贸区建设，把自贸区打造成广东高水平对外开放的门户枢纽，南沙要围绕门户枢纽定位，全力推进"一城市三中心"建设，使南沙成为高水平的国际化城市和国际航运、贸易、金融中心，成为广州的"城市副中心"，支撑和引领全省新一轮对外开放。广东与香港将在南沙自贸区建立"粤港深度合作区"，产业发展将紧紧围绕研发及科技成果转化、国际教育培训、金融服务、专业服务、商贸服务、休闲旅游及健康服务、航运物流服务、资讯科技八大产业。

（二）南沙自贸区为广州物流业及物流园区的建设和发展带来机遇

1. 自贸区政策有利于物流企业发展

目前，广州南沙海港码头积极配合自贸区的建设发展，口岸环境实现了进一步优化，在一定程度上使南沙港区的货源集散与辐射能力得到了增强，连带船舶运营业的发展环境也得到改善。自自贸区挂牌后，部分船舶公司争先增加航线，截至 2019 年底，南沙港区已经开辟了 119 条外贸航线。同时，南沙海关为了有效解决节假日的货物通关问题，推出了"七天工作制"，对市场政策、通关管理等方面进行了一系列的整改措施，这也在一定程度上吸引了供货商。另外，广州南沙海关还推出了启运港退税政策，提倡在南沙港区开展中转业务。为了响应这一要求，南沙海港推出了

"无水港"建设，让更多的货源能够选择南沙口岸。而且广州港务局降低船舶饮水费政策也使更多的船舶公司享受到了实惠，不仅能够降低船舶公司的整体运行成本，而且吸引了大量船舶公司向南沙挂靠，拓宽了南沙港口的货源渠道，同时提升了船舶的运转效率。

2. 自贸区区域优势助推物流发展

近年来，广州地区对南沙自贸区进行了一系列的整合，南沙自贸区的定位也发生了一定的变化，其在物流行业中所承担的功能与以往有着明显的不同。经过整合南沙自贸区的仓储租赁业务、仓储分拨服务以及进出口贸易等，实现了各个环节的协调发展和双向互动，为物流业的发展增添了源源不断的动力。除此之外，南沙自贸区独特的交通优势也为物流业提供了良好的发展条件。南沙自贸区地处珠三角 A 字顶端，同时是广州通向海洋的通道，也是停靠全球最大集装箱船的世界良港。由于环境优越，南沙自贸区的发展不仅带动了汽车、机械设备及钢铁、造船工业的发展，而且为物流行业开辟了更多的货源途径，推动着物流业不断上升发展。

3. 自贸区贸易条件下物流业的新机遇

南沙自贸区的发展不仅为物流业的发展提供了动力，而且促进了经济贸易的升级与转型。目前，我国对南沙自贸区的发展给予了高度的重视，并将其作为全球贸易价值链中极为重要的一环。贸易价值链与物流供应链有着极为密切的联系，物流供货速度的提升，能够带动贸易价值链的提升，正是基于这样的贸易条件，南沙自贸区为物流业的发展带来了新的机遇。从自贸区港口来说，它极大地提升了广州地区的货运量，并在一定程度上促进了产业结构的优化升级。一方面，南沙自贸区拥有国家的各项优惠政策，极大地促进了进出口贸易发展，增加了中转货物量；另一方面，又将原有的商品存储与转运扩大到工业、贸易与运输等各个方面，拉动了港口物流业的发展，使南沙自贸区供应链绩效快速提升，物流业的发展必然带动物流园区的升级与发展。

# 第三节　经济技术背景与机遇

## 一、大规模物流需求推动广州物流园区升级与发展

我国物流业增速平稳发展，且与 GDP 增长速度趋势相一致。据统计，2016—2018 年社会物流总额增速均高于 6.0%，保持在 6.1—6.7% 之间，2019 年回落至 6% 以内，而 2016 年 GDP 增速 6.7%、2017 年为 6.9%、2018 年为 6.6%、2019 年为 6.1%；2020 年受新冠肺炎疫情影响，物流行业的增速高于 GDP 增速。这种趋势的内在原因就是，我国市场需求中的物流需求非常大。

物流需求快速增长。主要表现在以下几个方面：

第一，农产品物流需求快速增长。农业现代化带来对大宗规模化农产品物流和鲜活农产品冷链物流的需求不断增长。

第二，制造业物流需求快速增长。新型工业化带来制造业的物流需求日益增长，要求加快建立规模化、现代化的制造业物流服务体系。

第三，消费品物流需求快速增长。居民消费升级以及新型城镇化步伐加快，迫切需要建立更加完善、便捷、高效、安全的消费品物流配送体系。

第四，快递物流需求快速增长。电子商务、网络消费等新兴业态持续快速发展，快递物流等需求也将继续快速增长。

综上所述，物流需求的快速增长从客观上促进了广州物流园区必须尽快升级与发展。

## 二、新技术、新管理的应用加快物流园区发展

信息技术和供应链管理不断发展并在物流业得到广泛运用，为广大生产流通企业提供了越来越低成本、高效率、多样化、精益化的物流服务，推动制造业专注核心业务和商贸业优化内部分工，以新技术、新管理为核心的现代物流体系日益形成。随着城乡居民消费能力的增强和消费方式的逐步转变，全社会物流服务能力和效率持续提升，物流成本进一步降低、流通效率明显提高，物流业市场竞争加剧。

物流业的核心竞争力在于应用先进的信息技术、管理技术、物流装备实现与物流的有效配合，以提高物流效率，降低物流成本。国务院颁布的《物流业调整和振兴规划》明确提出，物流业要向以信息技术和供应链管理为核心的现代物流发展，并将"提高物流信息化水平"列为十大主要任务之一；国家发改委印发的《全国物流园区发展规划》提出的八大主要任务之一为"推动物流园区信息化建设"。这些政策都要求促进信息技术的广泛应用。这些信息技术包括 POS（销售终端）、RFID（射频识别技术）、GPS（全球定位系统）和物联网等；《中华人民共和国国民经济和社会发展第十四个五年规划和 2035 年远景目标纲要》中提出要"培育壮大人工智能、大数据、区块链、云计算、网络安全等新兴数字产业，提升通信设备、核心电子元器件、关键软件等产业水平。构建基于 5G 的应用场景和产业生态，在智能交通、智慧物流、智慧能源、智慧医疗等重点领域开展试点示范"。这些信息技术包括人工智能、大数据、区块链、云计算、网络安全、5G 等新技术。《广东省"十四五"规划》中提出"推广集约高效的智能物流设施，推动货、车（船、飞机）、场等物流要素数字化，支持物流园区和仓储设施智慧化升级"，对人工智能、数字化在物流领域的运用提出了新要求。

随着信息技术和供应链管理不断发展，以及在物流业得到广泛运用，必将极大加快我国物流园区的升级与发展。同时，我们要顺应"互联网+"

新业态，提高广州物流园区的"智慧化"建设和发展。

### 三、交通基础设施建设有效支持物流园区发展

近年来，广州包括高速公路、铁路、机场、港口在内的交通基础设施的建设取得了一定突破。《广州市综合交通发展第十三个五年规划》中提到的重点任务，"航空：建设国际航空枢纽""港口：建设国际航运枢纽""铁路：巩固全国四大铁路枢纽和国家城际轨道干线中心地位""公路：构建高效便捷区域高速公路网络中心""交通枢纽：强化国际性综合交通枢纽战略地位""货运物流：建设国际物流中心"也在逐步完成，发挥这些设施的作用和效能，将会得到交通主管部门的政策支持。而物流园区对规模化、规范化组织运输服务，以及提升相关设施的功能和效率的作用，必然会受到交通运输相关行业管理部门的重视，从而为运输枢纽型物流园区的发展带来机遇。新型工业化和流通现代化是重要的产业发展导向，物流园区与产业园区、商贸流通中心的结合，完全符合国家经济发展战略，发展机遇不言而喻。

《广州市"十四五"规划》中提出，要把广州打造为国际物流中心，优化现代物流枢纽网络：依托重大交通枢纽和重大产业园区，构建"5+10+N"物流枢纽布局，打造全球效率最高、成本最低、最具竞争力的国际物流中心，推进广州港口型国家物流枢纽试点项目，加快建设广州空港物流枢纽、南沙海铁联运枢纽、广州东部公铁联运枢纽。由此可见，广州"十四五"期间仍将一如既往地重视交通基础设施建设。

从以上的政策文件，我们可以看出广州市近年来高度重视物流园区与铁路货场、港口、机场等交通基础设施布局的统筹规划，加强物流园区与运输枢纽之间的有效衔接，实现物流基础设施的兼容配套，促进不同运输方式之间的无缝对接。对于交通基础设施建设也投入了巨大的支持，交通基础设施的建设有效支持和支撑起未来物流园区的发展与升级。

### 四、各种增值服务完善物流园区发展

物流园区主要通过产业的空间集聚、资源的有效整合、业务的流程优化来促进区域经济发展，提升物流服务水平。我国物流园区发展的初期主要是通过土地招商的形式来进行产业聚集，增加规模。这种粗放式的发展模式，在规模导向时期是卓有成效的。但随着园区经济的发展，物流园区转型升级态势明显，正在向服务创新、管理创新的发展阶段过渡。广州在物流园区建设方面开始向效益导向转型，通过改造、升级、重组、共建等方式整合总量、优化存量，由粗放式发展向内涵式发展转型。

根据 2018 年 7 月由中国物流与采购联合会、中国物流学会联合发布的《第五次全国物流园区（基地）调查报告（2018）》显示"物流园区作为产业集群空间集聚的外在表现，其规划布局与经济发展程度密切相关。"从地域来看，东部地区率先改革开放，推动经济持续快速增长，物流园区规划建设起步早，目前 75.7% 的园区已进入运营状态。西部地区随着近年来经济增速加快，物流园区进入规划建设快速发展期，规划和在建园区占比分别为15.9% 和 22.8%。调查数据显示，物流园区入驻商贸企业、快递企业、电商企业、加工制造企业和公路专线企业占比较高，信息服务、金融保险等企业也有入驻，反映出入驻企业类别呈现多元化态势，物流生态圈正在逐步形成。物流园区的发展表现出明显的服务创新和管理创新特征，更多收入来源于产业融合、产业链延伸等增值服务，具有区域需求旺盛、功能定位明确、服务创新意识强、差异化运营明显的特征。各种增值服务收入已经逐渐成为物流园区的重要收入来源。

### 五、物流金融等服务体系促进物流园区升级与发展

在市场中，物流与商流相辅相成、相互促进、相互影响。商流是物流的前提，没有商流便没有物流；物流是商流的结果，商流为物流的发展提

供机遇。在物流业的调整时期，离不开物流金融等综合服务体系的支撑。物流园区本身所从事的具体经济活动，具有其他入驻企业难以承担的经济活动优势，园区客户服务系统的建立、运作和管理，可使入驻物流园区的物流企业共用设备设施及硬件平台，把投资、建设和运作，以及物流科技、装备资源等聚集在一起实行"网络化"管理和信息共享，从而提高物流的运作效率。集中度比较低的物流企业将被具有国际竞争力的物流企业所兼并。物流企业在并购、重组和上市过程中，都离不开物流金融服务体系的支撑。

物流金融服务体系是根据我国物流金融业务的特性和物流园区的实际特点而形成的，主要有两种类型：一种是以银行（资金出借方）、生产流通企业（资金需求方）、"物流企业+物流园区"（中介方）为主体的库存商品融资业务，通过直接解决生产流通企业的资金问题，带动物流园区和物流企业的发展；另一种是以银行（资金出借方）、物流企业（资金需求方）、物流园区（中介方）为主体的订单融资业务，通过直接解决物流企业的资金，促进生产流通企业和物流园区的共同发展。动态与静态的供应链金融产品的出现将有助于增强资本的流动性，有利于物流园区内企业形成商流、物流、资金流和信息流的一体化运作，有利于物流园区更快、更强和更大地发展。

第七章

# 广州物流业及物流园区发展调查分析

作为拥有"千年商都"美誉的广州，自"十三五"规划以来，以创新为抓手，不断优化产业结构，提升产业创新竞争力，并进一步优化商贸环境，力争成为国际贸易中心、国际航运中心、国内枢纽中心。

## 第一节　广州物流业发展现状

### 一、总体情况

进入 21 世纪以来，广州物流业一直处于稳定增长状态。根据《广州市统计年鉴（2021）》统计，截止到 2019 年末，广州市规模以上物流法人企业达 774 家，比 2018 年增长了 40.47%。其中，2019 年道路运输 575 家，比 2018 年增长了 42.33%；2019 年水上运输 93 家，比 2018 年增长了 43.08%。增长最快的是邮政快递，从 2018 年的 65 家增长到 108 家，增长了 66.15%。从就业人员来看，2019 年就业人员 34 万人，比 2018 年增长了 5.77%。其中，道路运输业就业人数 2019 年比 2018 年增长了 8.11%，邮政快递业则增长了 7.55%，而水上运输就业人数反而下降了 8.16%，见

表 7-1。

**表 7-1　规模以上企业法人数及就业人数**

| 行业大类 | 2019 企业法人单位（家） | 2018 企业法人单位（家） | 2019 比 2018 增长 | 2019 从业人员（人） | 2018 从业人员（人） | 2019 比 2018 增长 |
|---|---|---|---|---|---|---|
| 道路运输 | 575 | 404 | 42.33% | 157621 | 145803 | 8.11% |
| 水上运输 | 93 | 65 | 43.08% | 17908 | 19500 | -8.16% |
| 航空运输 | 12 | 11 | 9.09% | 84878 | 82555 | 2.81% |
| 邮政快递 | 108 | 65 | 66.15% | 66095 | 61453 | 7.55% |
| 其他 | 6 | 6 | 0 | 14562 | 13134 | 10.87% |
| 合计 | 774 | 551 | 40.47% | 341064 | 322445 | 5.77% |

数据来源：广州市统计年鉴

注：铁路运输业由部门普查，截至 2018 年末，省反馈我市铁路运输业企业法人单位 8 个，从业人员 5.33 万人，未反馈经济指标，本表合计项不含铁路运输业（广州市统计信息网）。

从以上分析可知，广州市物流业总体上仍处于传统的物流发展阶段，并需要大量的劳动力。从行业大类可知，道路运输业是劳动密集型行业，需要大量的劳动力，在智能信息技术、无人驾驶等智能交通、智能运输等方面应用极少。从 2019 年看，道路运输就业人数占了半壁江山达 46%；航空运输和邮政则占了 25% 和 19%。

### 二、货运量和货物周转量

根据广州市统计报告显示，2021 年前 4 个月广州市的货运量同比 2020 年增长 26.6%，同比 2019 年增长 4.4%。由于受新冠肺炎疫情影响，5 月份和 6 月份可能会有所下降，但总体呈稳定增长态势。其中，铁路、公路、航空货运量分别增长 39.3%、54.6% 和 24.9%。港口生产经营持续向好，港口货物吞吐量、集装箱吞吐量同比分别增长 8.8%、13.9%，比 2019 年同期分别增长 5.9%、6.4%，两年平均分别增长 2.9%、3.2%。客运量持续恢复，全市完成客运量恢复到 2019 年同期的八成以上。其中，铁路、航空客运量月底受"五一"假期预热影响，当月总量均达今年最高，1—4月同比分别增长58.2%、72.9%，增速分别比一季度提高22.1个和37个百分点。

邮政业保持快速增长。1—4月全市完成邮政业务总量354.46亿元，同比增长36.9%，比2019年同期增长67.3%，两年平均增长29.3%。网上购物需求带动快递业务高速增长，1—4月，全市快递业务量达27.05亿件，同比增长60.0%。

从表7-2可知，从1985年有数据统计以来，广州市货运量、货物周转量逐年上升，2019年货运量达到13.6亿吨，比2018年增长了6.6%。2011年到2019年间货运量的平均增长速度为9.7%。从货物周转量来看，2019年达218291463万吨千米，与2018年比，稍微增长了1.6%。尽管2017到2019年运力达到饱和状态，但2011年到2019年，年均增长28.9%。

表7-2 广州市历年客、货运统计表

| 年份 | 客运量 | 旅客周转量 | 货运量 | 货物周转量 | 港口旅客吞吐量 |
| --- | --- | --- | --- | --- | --- |
| | （万人次） | （万人千米） | （万吨） | （万吨千米） | （万人次） |
| 1985 | 11653 | 1017045 | 18233 | 15653824 | 514 |
| 1990 | 9461 | 1340608 | 17842 | 21417482 | 531 |
| 2000 | 26097 | 4533805 | 27972 | 22660161 | 134 |
| 2010 | 62595 | 16936472 | 57369 | 24508491 | 79 |
| 2011 | 67756 | 18790926 | 64929 | 28611908 | 80 |
| 2012 | 76070 | 20746062 | 76100 | 49383911 | 75 |
| 2013 | 89269 | 22776307 | 89099 | 68224384 | 77 |
| 2014 | 98062 | 24996168 | 96553 | 86335522 | 71 |
| 2015 | 106082 | 26681268 | 100124 | 90504153 | 61 |
| 2016 | 45823 | 21698556 | 107992 | 153864229 | 87 |
| 2017 | 45279 | 19990354 | 117429 | 212596804 | 92 |
| 2018 | 48048 | 21950302 | 127752 | 214871658 | 101 |
| 2019 | 49819 | 23760253 | 136165 | 218291463 | 78 |

数据来源：广州市统计年鉴

2011 年以来，广州市港口和机场货物吞吐量呈稳定增长态势。从表 7-3 可知，2019 年港口货物吞吐量为 62687 万吨，其中，集装箱 33980 万吨，分别比 2018 年增长了 12.6% 和 3.5%。从 2011 年以来港口货物吞吐量年均增长 4.3%，集装箱吞吐量年均增长 6.4%。机场货邮行（快递）吞吐量在 2019 年达 255 万吨，机场旅客吞吐量在 2019 年达 7339 万人次，比 2018 年增长 2.4%，2011 年以来，年增长 6.6%。

表 7-3 港口货物吞吐量及机场快递货物吞吐量

| 年份 | 港口货物吞吐量 （万吨） | 集装箱 （万吨） | 机场旅客吞吐量 （万人次） | 机场货邮行吞吐量 （万吨） | 邮电业务收入 （万元） |
|---|---|---|---|---|---|
| 1985 | 3700 | — | 290 | 6 | 9927 |
| 1990 | 5099 | 107 | 605 | 12 | 55960 |
| 2000 | 12455 | 1699 | 1279 | 49 | 1384846 |
| 2010 | 42526 | 18070 | 4098 | 145 | 2900942 |
| 2011 | 44770 | 20682 | 4504 | 153 | 3123440 |
| 2012 | 45125 | 21338 | 4831 | 163 | 3373039 |
| 2013 | 47267 | 23053 | 5246 | 173 | 4585063 |
| 2014 | 50097 | 24297 | 5479 | 190 | 5052592 |
| 2015 | 52096 | 26026 | 5521 | 200 | 5400082 |
| 2016 | 54437 | 27799 | 5974 | 216 | 6352822 |
| 2017 | 59012 | 30002 | 6584 | 234 | 7560250 |
| 2018 | 55669 | 32829 | 6974 | 249 | 8778953 |
| 2019 | 62687 | 33980 | 7339 | 255 | 10450611 |

数据来源：广州市统计年鉴

# 第二节 广州物流园区调查分析

## 一、总体情况

从广州物流业发展状况分析可知，广州物流业主要分布区域在白云区、黄埔区和天河区，企业主要是以民营中小企业为主，劳动力主要集中在运输业。通过产业集聚作用，物流企业也会集中到物流园区中。因此，物流园区的分布、功能、管理水平、信息化水平一定程度上反映了一个地区的物流发展水平。研究团队通过对物流园区布局、管理、信息化等方面进行调研，分析广州市物流园区的发展特点，为政府对广州市物流业发展提供现实依据。

本次调查坚持"全面普查，重点突出"的原则，根据广州市交通局在册信息，并通过分类、分层抽样调查、案例分析等调查相结合的方式。广州市物流园区的数据来自广州市交通局，截止到2019年8月30日，已登记在册的物流园区有148家。如果按照中国物流采购联合会对物流园区的标准进行筛选，只有27家满足以下要求：署名为物流园区、物流基地、物流中心、公路港、铁路港、物流港、无水港等的单位或企业；园区占地面积在150亩（0.1平方千米，即10万平方米）及以上，并具有政府部门核发的用地手续；园区有多家企业入驻，能够提供社会化物流服务。考虑到政府规划的需要，对已搬迁、清理或转型作为非物流方面用途的园区进行剔除后，剩余139家作为本研究统计分析的总体。

2019年7月到8月，研究团队随机走访了普通物流园区、空港物流园区、海港物流园区，共计11家物流园区和20多家物流园区的进驻企业。其中，黄埔区7家，白云区3家，南沙区1家。黄埔区包括电商物流、港口物流、普通物流 3 种园区；白云区调研了 3 个物流园区，均属于空港物流园区；南沙区 1 家物流园区，属于港口物流园区，见表 7-4。调查内容包括：物流园区发展现状、基础条件、企业培育、空间布局、平台功能、人才建设、运行机制等。

表 7-4　调查广州市部分物流园区列表

| 区域 | 园区名称 | 面积（万平方米） | 入驻企业数（家） |
|------|---------|------------------|------------------|
| 黄埔区 | 宝湾物流园区 | 12 | 5 |
| | 招商局物流园区 | 15 | 6 |
| | 拓领物流园区 | 10 | 3 |
| | 京东物流园区 | 12 | 1 |
| | 苏宁物流园区 | 12 | 1 |
| | 南物商贸物流园区 | 48.6 | 132 |
| | 京东亚洲一号 | 10 | 1 |
| 白云 | 白云物流园区 | 65.5 | 77 |
| | 广州空港跨境电商 | 13.7 | 130 |
| | 国际一号货运站 | 21 | 60 |
| 南沙 | 嘉诚物流园区 | 20 | 5 |

## 二、园区发展现状

### （一）园区规模：规模效益不突出

总体来讲，广州市物流园区规模效益不突出。从图 7-1 可知，小型物流园区（5 万平方米以下）有 70 家，占 50.36%；中型物流园区（5 万—10 万平方米）有 34 家，占 24.46%；大型物流园区（10 万—30 万平方米）有 30 家，占 21.58%；特大型物流园区（30 万平方米及以上）有 5 家，占 3.60%。按中国采购联合会对物流园区标准要求，用地规模最少在 10 万平方米，只有 35 家，占 25.18%，即只有 1/4 的物流园区算真正意义上的物流园区。尤其是从经营角度和用地规模看，小型物流园区规模小，经营成本高，难以形成规模效益，但占全市物流园区 50% 以上，占比太多，需要重新规划或优化。

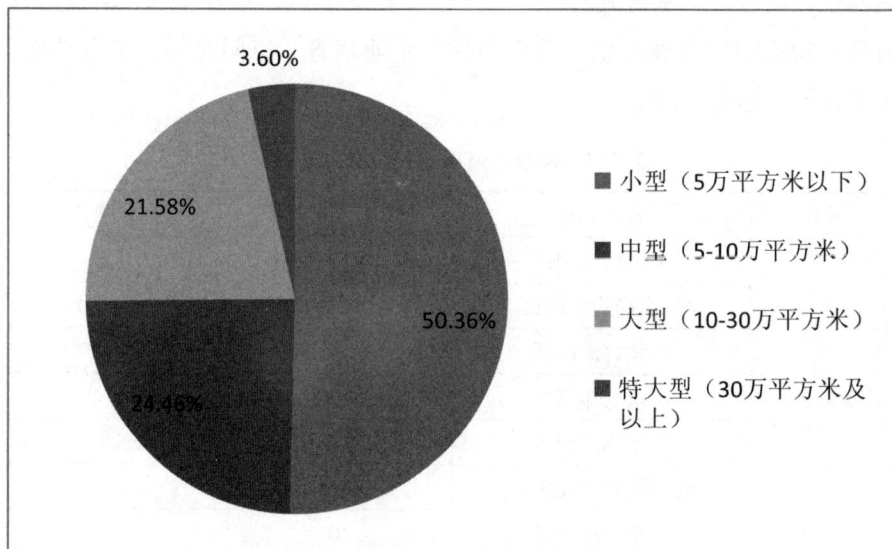

图 7-1 广州市物流园区用地规模情况

在走访的物流园区中，大多数属于中型物流园区，园区规模在 10 万—20 万左右，部分在 40 万以上，从中国物流采购联合会对物流园区定义来看，绝大部分属于小型物流园区，很难发挥物流园区的集聚功能，难以达到规模效应，导致单位面积产出效率低。

目前各大物流园区利用率已非常高，难以扩建。通过访谈和现场勘查，物流园区的利用率高达 90%。由于园区面积有限，物流发展速度快、潜力大，导致有较强的用地需求，特别是民营物流园区，对用地的需求更为强烈。也有部分物流园区，由于建园时缺乏科学规划，导致园区内功能定位结构性失衡，一方面，仓储面积严重不足，另一方面，办公、配套等面积大量闲置。

由于政府用地规划，或者村民用地难以征收，物流园区难以扩大规模。如，宝湾物流园区，面积较小且周边农民用地难以征收，无法满足入驻企业的用地需求；白云空港规划用地也几乎用完，难以扩大园区规模，其中广州空港跨境电商物流园区，利用率达100%，但仍然无法满足日益扩大的物流用地需求。因此，谋求集约发展、提高物流效率显得非常重要。

（二）用地方式：租用性质比例高

从用地方式来看，绝大多数物流园区是租用性质，有105家，占75.54%；自有用地有33家，占23.74%；无偿使用仅有1家，占0.72%，详见图7-2。

通过当时走访的11家物流园区可知，大多数物流园区都愿意自有用地，而不是租用，而且都有增加用地的需求。

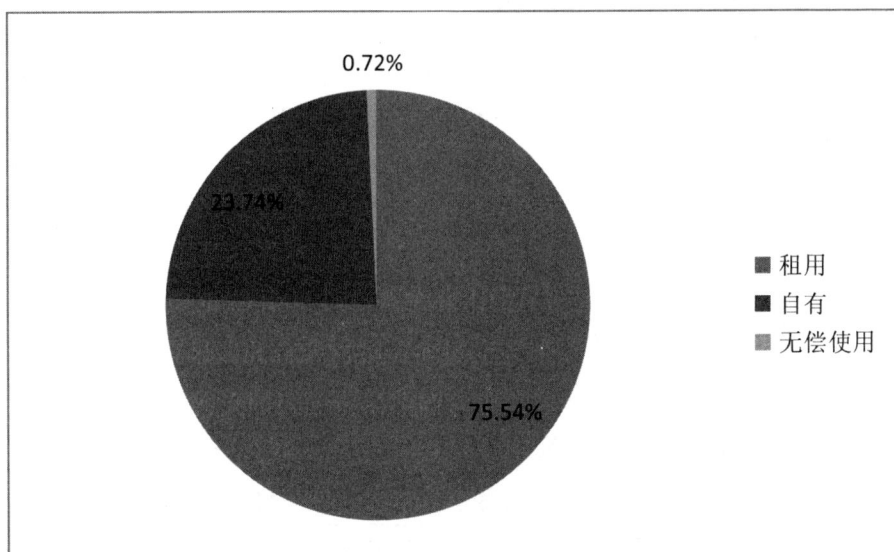

**图7-2　广州市物流园区用地方式**

（三）园区去留：转型、改造升级任务重

从广州市物流园区三年行动规划来看，有65家物流园区计划在3年（2021年前）内要拆除，占46.76%；保留的有39家，占28.06%；升级或者改造成其他功能的有26家，占18.71%，详见图7-3。

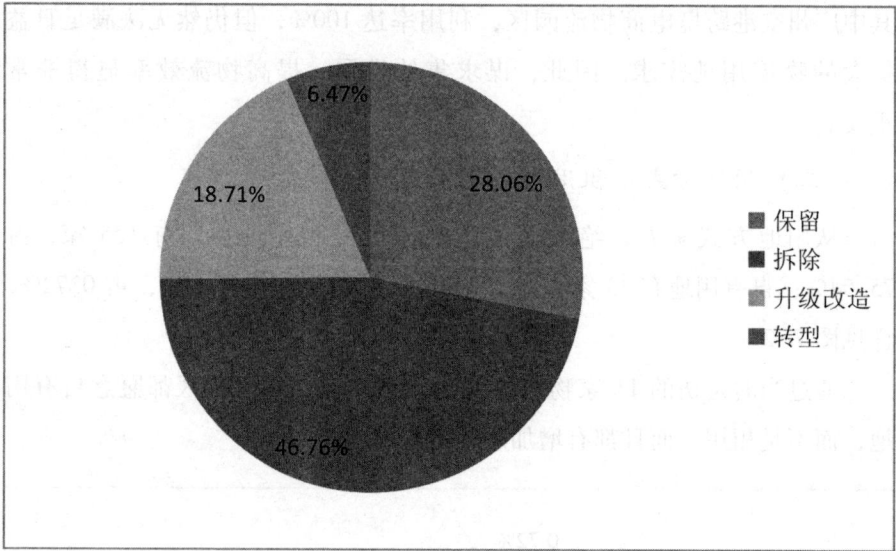

图7-3　广州市物流园区去留情况

## 三、基础条件

### (一) 路网状况：中心城区物流园区路网状况不佳

中心城区物流园区路网状况堪忧。由于历史原因，广州道路拥堵，周边基础设施较差。进出物流园区的主要是大型货车、挂车等，而周边的道路只有2—4车道，人流和车流汇集导致上下班高峰期平均拥堵2个小时以上，平时也会拥堵1—2个小时，大大削弱了物流园区应有的功能。

白云区物流园区，尤其是在石井、白云湖片区，由于道路狭窄、车辆多、人流量多，又与佛山交界，因此非常拥堵。出行非常不方便，并容易发生交通事故。在苏宁物流园区和京东物流园区，也只有一条2车道的马路，上下班高峰期，容易发生拥堵。

白云空港物流园区位于机场北区主干道，与机场候机楼相距4.5千米，五分钟车程，与广州海关仅一路之隔，临近大广高速和机场第二高速等，周边多个机场大型货运中转站，便于机场货物快速流通；道路基本无拥堵情况，平均进出市区时间约为 30 分钟。

南方物流园区与广州保税区、黄埔新港相接，距 107 国道 3 千米，距广深高速公路 4 千米，距黄埔港码头 5 千米，距广州市中心约 30 千米，紧邻地铁 5 号线，进城时间为十分钟，交通状况良好，极少拥堵。

云埔园区临近广园快速路、107 国道、广深高速、广惠高速、广珠高速、北二环高速、广汕公路，往返广州市区一级公路无收费。园区距广州市区 20 千米，距深圳市区 80 千米，距黄埔港 10 千米，距白云机场 60 千米，距宝安机场 80 千米。

状元谷产业园北边紧邻广园快线和广深铁路下元编组站，与广州保税区、黄埔新港相接，距 107 国道 3 千米，距广深高速公路 4 千米，距黄埔港码头 5 千米，距广州市中心约 30 千米，紧邻地铁 5 号线，与公路、铁路、水路、空运四种运输方式有效衔接，构筑了一个现代综合立体交通运输平台。

因此，从总体上来看，广州市物流园区周边道路设施不完善，基本上处于拥堵的状态，不仅影响了物流园区发展壮大，也影响了周边居民、企业的出行。

（二）配套服务：逐步完善

在配套设施方面，白云空港物流入驻海关等行政部门，可以进行"一站式"通关，配套设施完全。

黄埔区政府为物流园区配备了公共服务平台：黄埔区电子商务公共服务平台，园区与黄埔区政府共建，为园区企业提供政务、金融、物流、电商等服务。

科技孵化中心：黄埔区科技孵化器，为企业提供业务咨询、人才培训、创业指导、运营托管、金融服务等孵化服务。

跨境贸易电商监管中心：黄埔区政府、黄埔海关、黄埔检验检疫局合作共建，设有智能分拣线，关、检联合在线查验线，通过关检合作"三合一"，实现"现场通关"流程化、便利化。

园区智能管理服务：安防、停车、门禁、LED 展示、能源监控等智能系统。

服务配套：会议中心、人才公寓、餐饮、休闲中心等。

南沙空港物流园—嘉诚物流园区，目前还没有相关政府机构，计划将邀请海关等行政部门入驻。

### （三）技术升级：大型物流园区较为重视

在深度调查的物流园区中，大多数物流园区是2000年后开设的，园区的基础设施较新，多数有立体仓库，注重考虑利用空间资源。京东物流园区为满足大规模自动化分拣，也在准备升级之中。南沙嘉诚物流园区目前运行港口物流，计划向医药物流、应急物流等方向发展。

许多物流园区也从传统的货运站、停车场式向现代化、智能化物流园区转变。如南方物流，第一次改造从2010年到2015年，主要根据电子商务企业的发展需求出发，重点打造电子商务产业园，配套相应智能化设施设备及信息化管理系统，建设跨境电子商务监管中心，方便跨境货物清关，降低企业物流成本和时间，改造费用共计12938万元；第二次改造从2015年到2017年，重抓低碳绿色环保改造，建设电商物流配送服务标准化、物流园区低碳绿色及展示服务标准化建设，并于2018年通过国家级验收，改造费用为728万元；第三次改造从2018年开始，预计到2024年为止，重点建设大数据中心，即利用大数据中心优化供应链服务，改造预计投入费用137500万元。

白云物流园区目前已具备了海关全功能卡口系统、车辆叫号系统、货运信息系统、广州单一窗口等覆盖货运全链条的信息系统，可为客户提供高效便利的信息服务。

京东亚洲一号仓则配备了现代智能物流设备。如GIS（地理信息系统）监控系统，GIS监控系统主要由四个系统构成，即GIS网关通信系统、车辆GPS（全球定位系统）监控系统、包裹跟踪GIS系统和配送信息监控GIS系统。通信系统，包括手持PDA（掌上电脑）的GPRS（通用分组无线服务技术）通信链路、监控中心到GPRS服务器的链路等，保证监控中心与车辆之间的通信、数据录入、数据派发等通信链路始终处于联通状态，以统计数据流量，管理、控制网络安全防范防火墙，保证数据流的安全传输。另外，此系统与因特网直接相连，有实际 IP 地址。手持终端系统配置有 GPS 定位模块、GPRS 通信模块、控制处理模块等。

南方物流集团重视科技创新、信息化建设，建立企业技术研发中心，研发出仓储业务管理系统（WMS）、运输业务管理系统（TMS）、城市配送管理系统（UDMS）、物流园智能管理系统等，大大提高了物流工作效率，南方物流企业技术中心先后被认定为市级、省级企业技术中心。南方物流集团通过与中国联通合作，打造高端智能化管理，为企业及其员工提供智能化管理服务。建设有一卡通智能管理系统、视频监控系统、中央广播系统、人车分流系统、停车管理系统，从而大大提高了园区的物业服务水平，提升了园区招商引资的质量。2019 年，"浩云网络南香谷云基地"项目建设启动，计划于 3 年内在南香谷打造一个面积超过 18 万平方米，总投资额超过 30 亿，面向 5G、云计算、人工智能、先进制造业、物联网数据服务等下一代高端信息技术应用的枢纽级数据中心集群。

因此，由于广州处于南方物流中心地带，物流需求的不断增加，倒逼物流园区从传统方式向现代方式转变。目前，大多数物流园区开始推行信息化建设，向现代化、智能化物流园区过渡。


## 四、企业培育

### （一）存在大量非真正意义上的物流园区

从此次全面调查的统计数据及广州市物流园区性质来看，物流中心有 68 家，占 48.92%；货运站有 61 家，占 43.88%；配送中心有 8 家，占 5.76%；停车场仅有 2 家，占 1.44%，详见图 7-4。包括物流中心和配送中心的现代意义上的物流园区只占 54.86%。可见，广州市物流园区仍有大量表现为非真正意义上的物流园区，仍是传统意义上的货运站，甚至是停车场性质。广州应参照中国物流采购联合会对物流园区的标准，培育真正意义上的规模化、高水平物流园区。

　　根据广州市物流园区整治提升三年行动计划要求，对无牌无证的物流园区进行取缔，对污染大、单位面积产出不高等企业进行清理，引进一批高技术含量的物流企业。

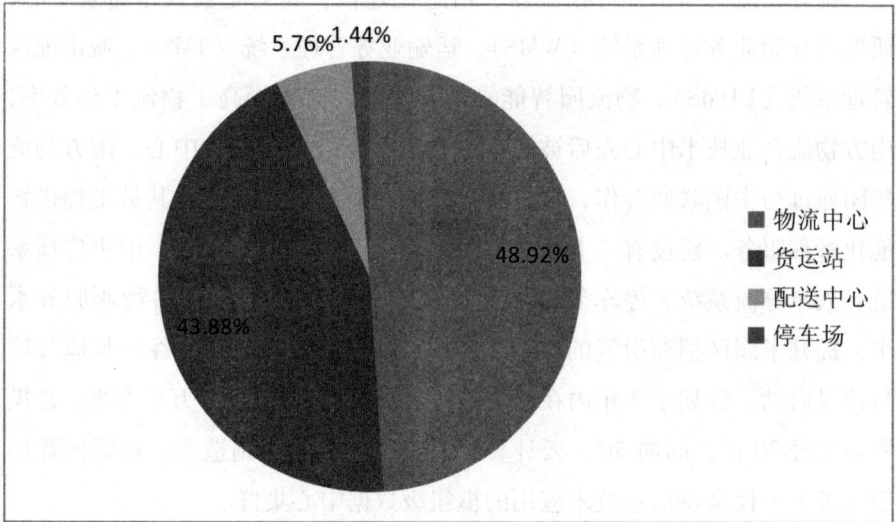

图 7-4　广州市物流园区性质

### （二）民营企业比例最高

　　从广州市物流园区的经营性质来看，民营企业最多，有 101 家，占 72.66%；国有企业（包括集体企业）有 27 家，占 19.42%；股份制企业有 5 家，占 3.6%；外资企业有 6 家，占 4.32%，详见图 7-5。广州应根据物流园区经营性质的不同，采取差异化的培育措施，促进不同性质物流园区的共同发展。

### （三）港口物流园区发展迅速

　　随着广州国际物流枢纽城市的建设，空港、海港物流园区发展迅速。例如，白云一号物流入驻航空公司和货代物流企业约有 15 家，并入驻了中远、威时沛运、荟星、品宏、高捷、恒汇 6 家物流服务企业，主要经营进口母婴产品、保健品、日化用品和龙虾等产品的保税备货进口业务即

B2B2C（网络通信销售模式）。白云空港物流园区入驻企业有 77 家，主要业务涉及跨境电商、保税业务、国际航空代理。广州空港跨境电商物流园区入驻企业以跨境电商物流企业、装卸企业和货代企业为主。

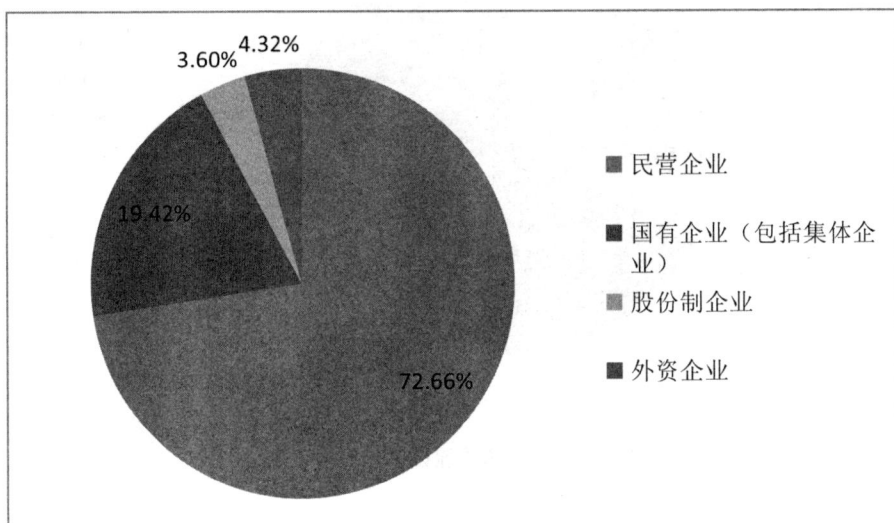

图 7-5　广州市物流园区经营性质情况

## 五、空间布局

广州市物流园区分布极其不均衡，基本上分布在白云区、黄埔区和花都区。其中，白云区最多，有 72 家，占 51.8%；黄埔区排第二，有 21 家，占 15.11%；花都区有 18 家，占 12.95%。3 个区共占 79.86%，详见图 7-6。考虑到广州市规划、物流园区功能与条件等情况，荔湾区物流园区偏少，服务荔湾区花鸟鱼虫批发、海鲜水产品批发的物流中心还没有建立。针对增城区的农产品和水果的集散也需考虑建设物流中心。

白云区地处广州市西北部，北靠花都，西接佛山。物流园区运输主要靠公路，而白云区鸦岗大道附近道路狭窄，经常拥堵。因道路规划过程中对物流园区的车流量估计不足，车道设计不宽，疏散功能不足，阻碍了物流园区发展。周边区域，如花都区和从化区，物流园区少，仍有较大的发展空间。

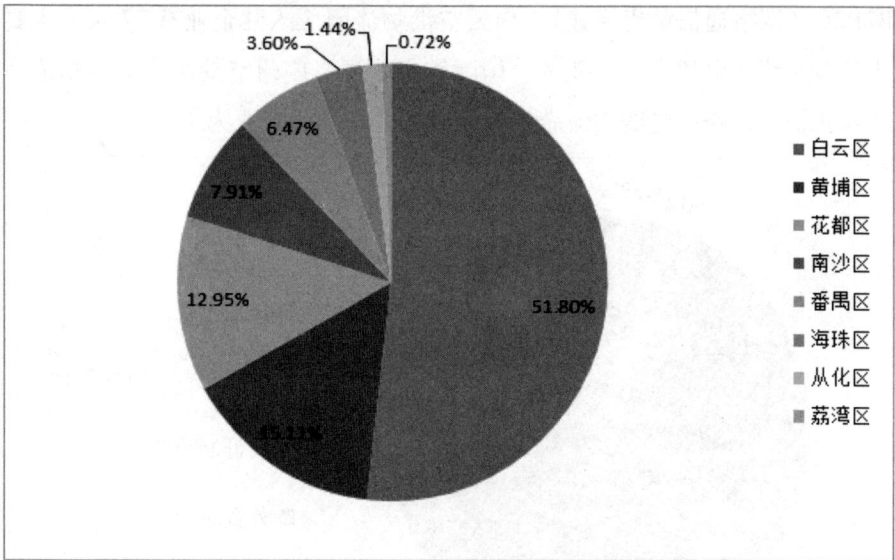

图 7-6　广州市物流园区分布区域表

## 六、平台功能

### （一）企业入住数量

从此次调研数据看，因有 30 家物流园区没有填报入驻企业的数量，有 109 家填报了入驻企业的数量。从入驻企业数量来看，1—9 家的有 56 家园区，占比最大，占 40.29%；10—50 家入驻企业的有 19 家物流园区，占 13.67%；入驻 51—100 家的有 11 家物流园区，占 7.91%；100 家以上的有 23 家，占 16.55%，详见图 7-7。

### （二）信息共享性有待提高

物流园区的物业方只有后勤式的平台管理，方便物流企业办理人员和车辆出入通行证，却没有提供信息平台，没有为园区内物流企业提供供需信息。因此，在本质上仍属于单一型的园区。园区内的企业不能共享信息，也无法进行合作，更难形成合力，实现园区的规模运行。京东物流园区和苏宁物流园区入驻的是其自身的物流企业且均属于电商物流。

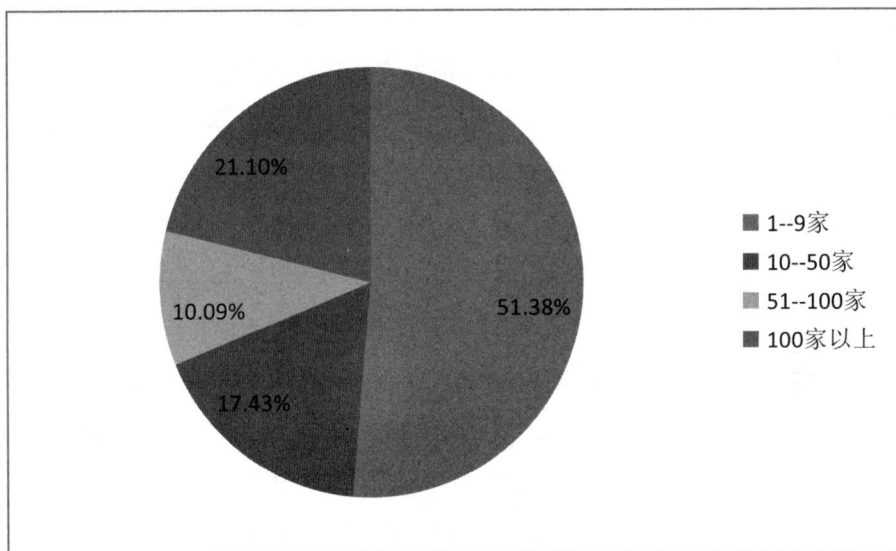

**图 7-7　广州市物流园区入驻企业数量表**

## 七、人才建设

### （一）物流园区一线工作人员普遍素质有待提高

由于大部分物流园区的基础设施较差、道路拥挤、生活设施不完善等，导致人才流失率高。而且员工薪酬也不高，招聘优秀人才比较困难。据调查，物流园区一线工作人员普遍素质有待提高。

### （二）物流园区基本没有共享人力资源建设

物流园区的人才建设并没有形成联盟式招聘和培训培养机制。仍然是传统的单个企业到人才市场上招聘。经调查，物流园区的员工平均薪酬在3000—8000元间，招聘方式以网络招聘和现场招聘为主，对于高端人才的招聘，企业普遍认为网络招聘效率更高。

从深度调研的物流园区看，除京东外，物流园区没有明确的人力资源培养培训计划；基本上无高层次人才引进和奖励政策，缺乏高层次物流规划和物流技术研发人才。

（三）物流园区为员工提供了一定的生活服务，但水平参差不齐

物流园区为员工提供了一定的生活服务，但水平参差不齐。南方物流园区给园区内企业及其广大员工提供了完善的生活配套服务。状元谷电子商务产业集聚区建设了设施完善的生活综合服务中心，包括人才公寓、员工宿舍、精品餐厅、员工食堂、员工娱乐中心（网吧、台球室）、洗衣房、便利店、银行柜员机等。此外，园区还做好环境绿化和形象美化工作，为广大员工创造一个良好的工作和生活环境。

白云航空物流公司提供的员工薪酬参照广州市有关规定执行，属于广州平均薪酬水平以上，并为全体职工提供较好的"五险两金"福利待遇和晋升渠道。暂无高层次人才引进和奖励政策。员工主要居住在机场周边花东镇、人和镇的机场安置区廉租房，以及花都区、白云区等区域为主的自有住宅和租房。公司设置食堂和多线路职工班车，以及每月定额可用于食堂消费的金额，满足员工的日常通勤和生活所需。

京东物流和京东亚洲一号仓的技术人员直属于北京集团公司总部，在园区工作的一般都是一线员工和园区管理人员。员工薪酬水平在5000—8000元间。园区内的员工均包住，两人一间宿舍，配空调、热水器、厨房、洗衣机等生活设施，住房配套设施比较完善。园区内设置食堂、员工活动中心（K歌房、图书室、健身房、桌球室、乒乓球室等）。

## 八、运行机制

（一）运营机制

目前物流园区的运行机制主要分为两种。一种是物流企业自己租一块地做自己的物流园区，叫自营物流园区，比如京东亚洲仓、苏宁物流等。另一种是"物业＋租户"形式，这种形式的物流园区最多。还有一种是"自营＋部分外租形式，从严格意义上说，这种方式仍可归类为第二种形式。自营物流园区便于管理，而"物业＋租户"形式的物流园区却比较复

杂，在园区管理上多采用传统的读卡式管理系统控制人车的进出。

（二）管理机制

在调查的物流园区中，园区的管理基本上实现了智能管理。如，白云空港物流和跨境电商物流园区整体采用封闭式管理，每个楼层均有相关主要管理负责人，实行 24 小时监控与服务；园区欢迎各个行业企业入驻，根据已入驻企业的行业分析，主要是以航空公司、货代、报关、跨境电商、物流配套等为主，基本租约时限一年至五年不等。园区对按时或提前交租的企业会给予一定的优惠，以示奖励；目前空港委及保税物流局等政府部门对园区管理较为重视，为园区提出各种优化的前瞻性政策；园区信息化管理主要体现于手机 APP 的智能管理系统，企业事务和行政管理均有定制的流程模式，快速便捷的推动企业各个环节的进程。

南方物流集团始终坚持"管理出团队、管理出效益、管理出成绩"的原则，2000 年率先通过 ISO9001 质量管理体系认证，形成了各个业务领域的管理操作规范和制度。2015 年获得"标准化良好行为"4A 级认定，建立了一套安全、可靠、高效、优质的现代化物流运营系统。南方物流集团在发展创新过程中，严格贯彻落实国家关于标准化工作的法律、法规、政策、方针，建立健全企业标准化体系。设立企业标准化管理部门统一负责管理本企业的标准化工作，编制适应本企业的标准化质量管理体系，组织标准的实施和对标准的实施进行监督检查和考核。形成了自上而下全面推进的标准化工作氛围，保证公司生产各项管理严格按标准执行，确保公司生产管理的正常、有序、有效运行。

白云空港物流在招商管理方面，园区的办公室主要出租给公司代理的主要航空公司，以及业务往来密切、货邮量较大的货代物流企业，租期1—3 年不等。园区仓库的准入条件主要根据功能布局定位而设定，引进具备业务资质、货源潜力的企业入驻，相关准入条件均由公司的招商管理制度明确规定。管控模式方面，公司制定了各类运行管理制度，园区要求入驻企业严格按照规章制度要求和标准开展日常运营工作，双方签署安全、消防等各类责任书。园区日常定期和不定期开展节前安全、消防等检查，空港委作为空港经济区政府部门也不定期开展安全检查工作。政策支持方面，广州市商务局、空港委等政府单位先后对园区入驻企业给予了如租金补贴等政策支持。2019 年 7 月起公司根据企业运营情况适当给予租金减免，从而减免物流企业运作成本，优化口岸营商环境，共同促进航空口岸业务做大、做强、做优。

# 第三节　广州物流园典型案例分析

广东南方物流集团是国家第二批"AAAAA 级综合物流"企业，经过近三十年的砥砺前行，从传统物流到围绕企业传统产业基因，以"互联网+"、大数据作为企业发展创新的核心动力，以打造"仓储泛产业链全覆盖平台"为企业发展战略，实现与新零售商家端、物流端的深度融合，并与工业 4.0（基于大数据和物联网融合的智能化工业结构）高精尖制造业的产业链合作，形成集电子商务、数据中心、高效物流、智能制造为一体的综合性硬件载体平台及完善的供应链运营管理服务，此外，集团积极进入商业综合体、教育教学等产业，逐步形成一个多元化、规模化、宽领域发展的综合集团。

## 一、南方物流发展现状

### （一）园区规模

南方物流集团物流园主要包括云埔园区、状元谷园区和南香谷园区。南方物流集团广州总规划建筑面积 137 万平方米，已建成建筑面积 72 万平方米，其中，物流运营面积 59 万平方米，仓储面积 67 万平方米。云埔园区于 2003 年开发建设，占地面积约 9.73 万平方米，建筑面积 12 万平方米；建有现代化立体仓 5 万平方米，多层式现代化仓库 4 万平方米，物流商务大厦 1.5 万平方米。状元谷园区于 2011 年开发建设,占地面积约 25.67 万平方米,建有多层式现代化仓库 40 万平方米,配套商务大厦 2 万平方米。南香谷园区于 2017 年 10 月开工建设,占地面积约 25.67 万平方米,总规划建筑面积约 55 万平方米,仓储面积 44 万平方米。截至 2018 年 12 月,南香谷一期 12 万平方米多层仓已落成并投入运营,二期已经在开工建设中。

截至目前,物流园已入驻京东、苏宁易购、酒仙网、谷网、DHL(中外运敦豪国际航空快递有限公司)、顺丰优选等企业和广东电子商务商会等服务机构,园区入驻企业达 132 家,招商率达 95%。园区入驻企业年产值近百亿,每天进出货量平均 1500 吨左右。

(二)交通情况

南方物流集团物流园位于广州市东部,与广州市产业布局、产业发展趋势高度契合,云埔园区、状元谷园区位于黄埔区,南香谷园区位于增城区,地处珠三角中心区域,交通网汇集。

状元谷园区位于广州市东部的黄埔区文冲村状元山,地处珠三角地区中心城市——广州市外交通网汇集处,是黄埔区、白云区、增城区的交接地段,南临东江、东与东莞接壤,北边紧邻广园快线和下元铁路编组站,与广州保税区、黄埔新港相接,距 107 国道 3 千米,距广深高速公路 4 千米,距黄埔港码头 5 千米,距广州市中心约 30 千米,紧邻地铁 5 号线,进城时间为十分钟,交通状况良好,极少拥堵。

云埔园区临近广园快速路、107 国道、广深高速、广惠高速、广珠高速、北二环高速、广汕公路,往返广州市区一级公路无收费。园区距广州市区 20 千米,距深圳市区 80 千米,距黄埔港 10 千米,距白云机场 60 千米,距宝安机场 80 千米。状元谷北边紧邻广园快线和广深铁路下元编组站,与广州保税区、黄埔新港相接,距 107 国道 3 千米,距广深高速公路 4 千米,距黄埔港码头 5 千米,距广州市中心约 30 千米,紧邻地铁 5 号线,与公路、铁路、水路、空运四种运输方式有效衔接,构筑了一个现代综合立体交通运输平台。

南香谷园区南临广惠高速 2 千米，花莞高速离园区仅 500 米。另周边已规划多条道路，形成多条链接外部的交通网络。

（三）三次改造升级

集团根据市场发展趋势，共进行三次较大的升级改造。

第一次从 2010 年开始到 2015 年，主要根据电子商务企业的发展需求出发，重点打造电子商务产业园，配套相应智能化设施设备及信息化管理系统，建设跨境电子商务监管中心，方便跨境货物清关，降低企业物流成本和时间，改造费用共计 12938 万元。

第二次改造从 2015 年开始到 2017 年，重抓低碳绿色环保改造项目，建设电商物流配送服务标准化、物流园区低碳绿色及展示服务标准化建设，并于 2018 年通过国家级验收，本次改造费用为 728 万元。

第三次改造从 2018 年开始，预计到 2024 年为止，重点建设大数据中心及利用大数据中心优化供应链服务，本次改造预计投入费用 137500 万元。

（四）园区未来发展规划

目前，南方物流集团已形成全国性物流运营服务网络，覆盖华南、华东、华北、华中、西南、东北、西北七大区域以及全国 100 多个大中城市，成为国家 AAAAA 级现代综合物流与供应链管理服务企业，是物流行业的龙头企业。

在发展现代物流产业的同时，南方物流集团制定了现代服务业与先进制造业"双轮驱动"战略，积极拓展上下游产业，以打造"智慧物流+智能制造"产业园为载体探索物流企业转型升级方向。

在对现有园区提升的同时，广州南方物流集团迫切需要发展新的产业园，实践新的发展和管理理念，并在此基础上总结经验，形成适应新经济发展形势下的以"创新+智慧"为核心的 2.0 发展模式。新产业园的发展经验反过来又可以为现有的产业园发展模式的创新提供指导。

（五）政府政策影响

在黄埔区的蓝图里，"互联网+电商"小镇以状元谷国家电子商务示范基地为中心。园区集聚了国内外大型电商企业、中小微电商企业及相关配套服务机构进驻，产业集聚效果明显。状元山历史文化底蕴深厚，园区周边交通便利、生活配套齐全。经过不断建设，"状元谷电商小镇"雏形已基本形成。

状元谷、云埔园区作为黄埔区电子商务集聚区，被授予黄埔国家电子商务示范基地标准化园区，以及国家电商商务示范基地的称号，将有利于提升黄埔区内电子商务政府公共服务和市场化支撑服务水平，提升辖区内电子商务企业的经营水平。

"十三五"增城区强化与广州开发区结对发展，推动两地共同招商，打造汽车和电子信息两个千亿级产业集群。巨头落户必定成为当地经济发展的重要引擎，也将重塑区域产业的新格局。在项目的背后，以龙头带动上下游产业链，形成新的产业集群，其中"南香谷项目"被2019年广州市发改委列为增城区重点项目之一，有利于承接上下游产业链项目，为增城的产业集群起到推动作用。

## 二、园区运行管理状况

### （一）园区管理方式

南方物流不断优化改制企业管理组织架构，完善管理制度、流程模式。目前公司管理体系主要以企业支持平台和业务发展平台两大模块构成。汇聚了众多物流管理、电子信息、计算机软件等相关方面的高科技人才，企业管理团队是一支凝聚力强、工作经验丰富、勇于创新的优秀团队。每个园区都配备独立的办公大楼及完整的办公设施设备。

### （二）园区设施布局

园区配备现代化立体仓，净高10米，配有活动层式货架，采用叉车及夹包车配合作业。库内分为存储区、理货区、出货暂存区及加工区，仓库实现机械化、自动化、开展科技养护和现代化管理，库区设置灵活，为仓储功能的延伸提供了良好的发展空间；园区定位为华南地区最具影响力的物流集聚区、跨境电商物流集聚区与孵化基地，为小微型电子商务企业打造孵化成长环境，并配套建设商业、生活、休闲、娱乐等，全面提高现代物流园服务能力。围绕企业传统产业基因，以"互联网+"、大数据作为企业发展创新的核心动力，打造"仓储泛产业链全覆盖平台"，实现与新零售存货端、物流端的深度融合，并与工业4.0高精尖制造业的产业链合作，形成多产业格局全新动能的生态产业园区。"浩云网络南香谷云基地"的建设标志着南方物流集团实现全新产业布局的开始，南香谷园区将以更高标准进行建设，以"互联网+"、大数据为依托陆续布局冷链物流、"云仓储"。与中国联通开展深入合作，实现全园区网络覆盖，提升网速及网络稳定性。

园区实现人车分流，共设立停车位480个，货车及小车分别停放，规划整齐。

（三）园区信息化水平

南方物流集团物流园开展"电商物流配送服务标准体系"建设，配送采用FRID无线射频识别技术、城市配送监管调度系统、条码扫描PDA、GPS位置跟踪设备和通信设备，实行配送车辆的专业化、统一化管理，实时记录配送车辆位置及状态信息，对运输车辆进行科学排序、合理调度使用，实现物流配送的"智慧化"。物流园在仓储、物流设施设备、跨境物流、园区管理方面也实现了"智慧化"。仓储方面，园区建设了24小时可视化、多层立体恒温货仓，仓库配备四标盘变频永磁同步牵引大型货梯、气感式高度调节台，电动高架叉车及电动平移叉车等；跨境电商监管中心，内设海关、国检联合查验平台，配备2套全自动X光检测系统，实现关检合作"三个一"，即海关、检验检疫"一次申报、一次查验、一次放行"，实现"现场通关"流程化、便利化，包裹处理能力日均达5万个，降低了企业通关成本，缩短了通关物流时间。

南方物流集团重视科技创新、信息化建设，建立企业技术研发中心，研发出仓储业务管理系统（WMS）、运输业务管理系统（TMS）、城市配送管理系统（UDMS）、物流园智能管理系统等，大大提高了的物流工作效率，南方物流企业技术中心先后被认定为市级、省级企业技术中心。

物流园通过与中国联通合作，打造高端智能化管理，为企业及其员工提供智能化管理服务。建设有一卡通智能管理系统、视频监控系统、中央广播系统、人车分流系统、停车管理系统。大大提高了园区的物业服务水平，提升了园区招商引资的质量。

2019 年，"浩云网络南香谷云基地"项目建设启动，计划于 3 年内在南香谷打造一个面积超过 18 万平方米，总投资额超过 30 亿，面向 5G、云计算、人工智能、先进制造业、物联网数据服务等下一代高端信息技术应用的枢纽级数据中心集群。

（四）园区信息技术

状元谷突出绿色低碳发展创新理念，打造了全国标杆的新型电商物流绿色低碳生态示范物流园，在国家经济发展新常态下，南方物流集团贯彻"创新、智慧、绿色、开放、共享"的新理念，在对云埔、状元谷园区提升的同时，在此基础上总结经验，形成适应新经济发展形势下的南香谷绿色低碳发展 2.0 模式。新的发展模式又将反过来促进云埔、状元谷物流园区的发展。

在"互联网+"的大环境下，智慧物流成为现代物流产业的一致追求，智慧物流又需要大数据技术和物流大数据本身的保障，南方物流集团积极发展大数据产业，并以此为依托，致力于多种应用，从物流仓储的信息化管理到物流运输的效率提升；从物流网点的职能布局到运输线路的优化，不断提升智能化水平，将智慧物流在效率、成本、用户体验方面不可比拟的优势逐步体现出来，并复制到其他区域和延伸到相关的合作伙伴，通过管理模式的复制延伸，辐射其他区域开发，传播运营经验。

（五）园区人才建设

根据公司的发展需要，公司现有中层以上管理团队 386 人，本科以上学历占 86%，中高专业技术人员有 145 人，汇聚了众多物流管理、电子信息、计算机软件等相关方面的人才，占38%。员工平均薪酬约五千到八千元，招聘方式以网络招聘和现场招聘为主。园区还提供了完善的生活配套服务，创造了良好的工作和生活环境。

为最大限度地发挥员工的创造性，推动企业技术进步，公司制定了相应的《研发资金管理办法》《研发人员绩效考核奖励办法》等制度，对技术和管理骨干人员采取五年特殊奖励制度等。项目管理部门对新产品跟踪其产业化后所产生的经济和社会效益情况，由技术中心确定奖励方案，真正从物质和精神上体现科技创新和多劳多得的原则，大大提高工程技术人员的工作热情和创新精神，形成在工作中互相竞争的良性创新模式。公司每年年底都开展一次技术进步奖的评审活动，对那些技术水平高、创新能力强、给公司带来明显经济和社会效益的项目和个人给予奖励，以此来推动技术创新的发展。其他部门也按此原则，制定有关激励措施。公司在不断提高员工的工作、生活环境的同时，提供有竞争力的薪酬；实行职业经理人制度，使得公司管理、执行更加高效统一。

（六）园区运行机制

园区的主要制度包括：运营管理、园区物业管理、安防管理、安全生产管理、消防控制室管理、特种设备使用、货运车辆安全生产、货运车辆岗位安全职责、外来车辆进出园流程、园区一卡通管理及各级人员岗位职责等。

园区入驻企业以电子商业企业为主，配套电子商务上下游企业的进驻，形成电子商务产业聚集态势。此外，高端制造业捷普电子的引入，促进了电子商务服务业与先进制造业的深度融合，促使功能完备的生态产业链显现，园区影响力不断提升，示范引领作用逐步凸显，初步实现了现代服务业与先进制造业"双轮驱动"的效应。

在信息化建设方面，公司投入不断加大。现阶段，随着公司技术研究、服务规模的不断扩大、相关业务的分工化以及公司信息化系统的不断集成化，网络信息流量也越来越大，公司对原有基础网络进行了多次升级并达到目前的先进水平。

高效的基础网络建设为公司内外信息高效快捷的沟通与交流，为公司技术创新提供了原始的资料数据与研发方向等保障，确保信息沟通的及时性与准确性。公司各部门在数据共享方面主要采取公司通用 FTP（文件传输协议）文件服务器来进行信息交流和实现数据共享，基本上做到了每个部门都可以通过计算机网络及时了解公司公布的相关信息以及各部门之间所需的信息资料，提高了部门的工作效率与资金利用率，为公司带来了巨大的综合效益。公司还自主开发了办公自动化（OA）系统，保证了无纸化办公的沟通和管理的有效性。

为顺应物流行业信息化建设及发展需求，企业技术中心先后投资 3000 多万元，自主开发及建设了"基于互联网纯 B/S（浏览器/服务器模式）结构的物流企业 ERP（企业资源计划）信息平台"，并通过平台与各大物流基地的结合，为物流行业提供了一个支持"全球供应链"服务的先进平台，为广大客户及生产制造企业提供了基于供应链一体化的综合物流服务。

# 第四节　广州物流园区发展中存在的问题

通过以上的调研分析可以发现，近十年来，随着广州城市化水平和产业发展水平的不断提高，广州物流园区建设取得了明显成效，总结了许多成功经验，部分物流园区也被授予了一系列国家级的荣誉称号，但是，与广州国际化大都市的发展要求、与粤港澳大湾区发展规划对广州"四中心两枢纽"的城市定位需求相比，与国内外高水平物流园区相比，广州物流园区建设与发展还存在许多不足。

## 一、政府各部门角色不清，整体规划不足

早期物流园区的发展是企业自发式的，企业根据发展需要，寻找便宜且比较方便的地点作为立足点。政府对于物流园区仅是行政许可及交通等基础设施方面的管理，没有主动地从全市的社会商品流通的角度去规划。尽管广州市政府在 2012 年出台了《广州市现代物流规划（2012—2020）》，提出了物流的布局，但总体来看政府在物流园区的规划中并没有起到积极的角色，导致物流园区布局不均匀，规划用地紧张，道路交通拥堵等问题。2019 年出台的"三年提升规划"，也仅仅是调研物流园区的情况，要求一大部分物流园区搬迁出去，而不是从战略高度和顶层设计的高度去规划统筹物流园区。目前，各物流园区和物流集聚区的功能定位不明确、布局不合理，物流园区集中在白云区等 3 个主要区，而周边区域的花都区、南沙区、增城区，甚至是番禺区均未充分利用地理优势。例如，花都区虽有多条高速公路直达中心市区，但是航空物流园区已经不够空间，对于流通加工、分拣等功能的企业完全可以由航空物流园区搬迁到花都两龙和花山镇。南沙和黄埔一样，应该主打跨境电商和国际贸易类的物流园区，但到目前为止，南沙物流园区偏少，没有形成彰显物流功能的物流园区布局。因此，尽管广州市物流园区的建设进程不断加快，园区数量不断增长，但是由于各行政区缺乏系统的整体规划，导致物流园区建设无序、功能定位不强、集聚效应不好等问题。目前政府对物流园区规划比较好的国家有德国和日本，可以借鉴其物流园区的规划模式。

## 二、物流园区平台功能不完善，企业培育能力不强

从此次全面调查的统计数据看，物流园区的平台功能不强，仍是传统的物流中心、货运站，甚至是停车场性质，并未展现真正意义上的物流园区模式。

许多物流园区没有明确的发展规划，由于近年来物流市场需求量变大，物流园不愁没有企业入驻，因而相当多的物流园区还是在做物流地产，以出租仓储和提供基础物业服务为主要运营和盈利模式，不具备进一步市场竞争的能力。从而导致物流园区面积太小、与周边的发展不协同、单位产值不高等问题。有的物流园区甚至是停车场或者是某个物流公司的集散点，根本达不到物流园区的基本功能。

### 三、物流园区集聚效应不强，产业联动性不高

在生产和消费需求增长的带动下，大量物流企业加快向物流园区聚集，物流园区规模效应和集聚效应不断扩大。但广州目前物流园区与周边产业的良性互动和联动性不高。经调查发现，物流园区纯粹就是一个园区，没有为周边社区带来辅助产业，例如加工企业、物流装备生产企业、回收物流企业、包装设备企业、装卸企业、维修企业等，更不用说带动周边的工业企业和服务业的发展。

### 四、物流园区管理信息化、智能化水平不高

物流信息化是利用现代信息技术对物流的生产运营环节进行控制，通过技术手段有效地降低物流成本和提高运营效益。可以说，物流信息化是现代物流发展到一定水平的必然趋势，也是物流园区资源共享的前提。相对我国已有的物流信息化的成功应用案例，例如浙江传化物流基地，通过物流信息平台的信息交易、配货等功能，提高了货物中转效率，增加了企业的收益，广州物流园区普遍信息化、智能化水平不高，尤其是具有运输配送功能的物流中心、货运场（站）仍是传统的管理模式、信息化基础建设、智能运输工具、信息系统等没有或者不完善。而且由于物流信息化水平不高导致物流园进驻企业之间的资源基本不能共享，绝大多数物流园区的信息化管理还停留在物业管理的水平。

### 五、物流园区人才建设不足

人才是行业可持续发展的重要保障，物流园区的发展需要相关专业人才的支撑。客观的运营市场决定了对物流园区相关人才的内在要求，需要具备较强的专业性知识与实操性经验。但是，据调查，由于工作环境不优，广州物流园区一线工作人员普遍素质有待提升。走访的物流园区，除京东外，几乎没有明确的人力资源培养培训计划。基本上无高层次人才引进和奖励政策，缺乏高层次物流规划和物流技术研发人才。物流园区的人才建设并没有形成联盟式招聘和培训培养机制。同时，物流园区为员工提供了一定的生活服务，但水平参差不齐。

### 六、高标准建设、具有示范性和引领性的物流园区品牌不亮

从此次调查发现，高标准建设、智能化管理、综合性功能，在全国或世界上具有示范性和引领性，具有知名度和美誉度的物流园区品牌缺乏，广州与世界一线城市、国家中心城市、粤港澳大湾区核心城市、国际商贸中心、综合交通枢纽的城市定位不符。

# 第八章

# 广州物流园区升级改造与发展的目标与方向

## 第一节　广州物流园区升级改造与发展的目标

为全面落实构建以"国内大循环为主体、国内国际双循环相互促进"的新发展格局战略，推动广州加快建设"全球效率最高、成本最低、最具竞争力"国际物流中心，营造现代物流和供应链良好的发展环境，促进现代物流高质量发展，广州物流园区升级改造与发展应以全面贯彻党的十九大精神、习近平新时代中国特色社会主义思想为指导，深入贯彻习近平总书记视察广东重要讲话精神，坚持"创新、协调、绿色、开放、共享"的发展理念，以谋求广州城市高质量创新发展实现"老城市新活力"为目标，以现代物流和供应链产业理论为依据，以新一代信息技术为支撑，完善广州大物流格局，发展物流枢纽经济，强化物流园区宏观规划，优化物流园区空间布局，整合提升物流资源，完善基础设施网络，创新经营管理体制，增强综合服务能力，促进物流要素集聚、土地资源集约、运行效率提升、物流成本降低，推动全市物流园区高水平和健康有序发展，为广州城市发展及粤港澳大湾区建设提供坚实的物流服务保障。

（一）第一阶段（到 2022 年），完善物流园区网络，实现全市物流园区规划布局优化、功能提升

一是以"四个出新出彩"行动方案为指导，以中心城区、重点功能区为重点，协同推进村级工业园整治提升、专业（批发）市场转型升级、中心城区物流园区疏解外迁和布局优化，加快导入高端产业，把"三园"打造成产业转型升级先行区、功能优化完善承载区、环境改善提升示范区。优化物流用地等支持政策，分类有序推进 11 个物流园区转型升级，规划建设一批现代化"智慧物流"产业集聚区，促进物流中转功能向大型交通物流枢纽集聚。

二是以"四个中心"和"三个枢纽"建设为依托，推动南沙港邮轮物资物流园区、冷链物流园区、汽车物流园区、跨界电商物流园区、粮食物流园区的建设，推动白云机场保税物流园区、跨境电商物流园区、冷链物流园区、航空制造物流园区的建设；增强交通枢纽和物流园区规划布局引领和统筹，依托白云空港、南沙海港、广州铁路枢纽建设，优化布局现代物流产业集聚区。

三是以推动物流园区功能提升为目标，实现基础设施不断完善，服务水平不断提升，信息化、专业化、标准化、智能化水平不断提高，运营管理能力不断增强，物流业整体运行效率有所提高。初步形成与广州市社会经济发展相适应、与产业发展和居民需求相配套的物流园区体系。

第二阶段（到 2025 年），建设广州大物流体系，实现全市物流园区高水平、高质量、高效率发展

一是推动广州物流园区融入粤港澳大湾区的整体发展，特别是与深圳的合作共享，推动广州与深圳共同打造国际多式联运中心、全球供应链管理中心、国际物流航运中心。配合广州国际物流中心建设，优化物流园区总体布局。

二是按照物流园区—物流枢纽站—物流中心—物流配送终端的架构，重构与城市和产业发展相适应的广州大物流体系，更好地服务粤港澳大湾

区建设、辐射周边城市，为粤港澳大湾区建设贡献"广州力量"。基本建成布局合理、技术先进、便捷高效、绿色环保的现代物流园区体系。

三是促进物流园区的产业融合、区港联动，对大型的物流通道和交通基础设施进行梳理，对其周边物流园区、产业基地进行重新定位、整合，实现交通基础设施和物流设施的有效匹配，建设支撑物流园区合理布局、集约发展的路网体系。如，北部地区的空港经济区、南部地区的南沙港区、中部地区的黄埔港区等，发挥其既有的港口、机场等交通基础设施优势，充分融合周边物流园区和产业园区，形成规模效应。开发西部白云区铁路中心枢纽，同步规划周边的物流园区和产业园区，尽快形成以铁路为主的陆港枢纽的增量效应。

四是实现物流整体运行效率显著提升，资源集聚和辐射带动作用明显增强，带动全市社会物流总费用与 GDP 的比率较 2019 年下降约 2 个百分点。基于互联网的物流新技术、新模式、新业态成为行业发展新动力，物流园区现代化程度明显提高，到 2025 年，建设 8—10 家年物流业务收入超 100 亿元，具有全国竞争力和国际影响力的物流园区，让更多企业入选全球物流 50 强、全国物流 50 强。

## 第二节　广州物流园区升级改造与发展的方向

### 一、错位化发展

目前，物流园区的建设与发展仍然以政府主导、企业参与的模式在进行推进。政府作为物流园区建设的主导者，应当正确引导物流园区的规划与布局，使其与城市发展战略相匹配，与城市物流需求相适应。然而，各区政府在物流园区的规划建设方面各自为营，盲目的追求物流园区功能的全面实现，对本区的物流活动和物流需求了解不透彻，物流园区建设目标的认识不够明确，亦不能准确定位物流园区的功能，使得物流园区同质化建设现象严重，造成区域内物流服务供应与实际有效的物流需求偏差较大，不仅造成了资源的浪费，也加剧了各大物流园区之间的恶性竞争，不利于城市物流产业的发展。应在综合考虑物流园区周边产业发展、地理区位、交通条件、基础设施及未来发展趋势的基础上，对物流园区进行合理规划，避免物流园区在功能定位和发展策略上同构，防止资源浪费和同质竞争。

## 二、枢纽化定位

对标国际一流标准，加快特大型、大型交通物流枢纽和综合性交通枢纽的规划建设，推进交通枢纽、物流园区与先进制造业、商贸服务业融合发展，强化干线运输、区域分拨、保税物流、多式联运、仓储服务、跨境物流、城市配送等多种物流资源向综合交通枢纽周边园区集聚，打造一批枢纽经济增长极。作为物流系统重要节点的物流园区，应依托城市交通枢纽，实现公路、铁路、海运等不同运输方式的有效衔接，从而实现多种运输方式的联合运输。同时，不同物流节点的运输形式不同，通过物流园区进行联合运输和有效衔接，将以往散杂、分散形式的货物纳入联合运输的模式，实现一体化枢纽功能。

## 三、"智慧化"升级

新技术、新模式、新理念、新业态的出现不仅深刻影响着物流园区的发展，也助力物流园区的"智慧化"转型。物流园区向"智慧化"升级，要将互联网、物联网、云计算与大数据等技术融合应用到物流园区各运作环节中，实现物流园区的功能改进和效率提升。要以解决入驻企业或者是客户的困难为目标，从物流园区服务企业的需求出发，结合园区发展的实际情况，有针对性、可行性地实施物流园区"智慧化"行动。要认清物流园区"智慧化"的多层次性，遵循循序渐进的原则，从低层到高层、从简单到复杂、从局部到整体逐步扎实推进"智慧化"。要以数据化为抓手、信息化为纽带，实现物流园区内外信息集成与共享，服务于园区一体化战略，增强园区内企业的凝聚力。要以物流园区的整体优化为目标，在对各物流单元"智慧化"升级的基础上实现系统最优。要以标准化建设为前提，对园区内的数据、单证、软件、硬件进行规范化管理，确保物流园区智慧化运作安全高效。

### 四、平台化运作

物流园区的成功运作需要园区为区内的物流企业提供良好的发展平台，促进园区内企业的联合和合作，从而提升园区内企业的生产效率，降低生产成本，推动知识溢出和创新，创造更好的整体品牌形象和外部性经济。目前，大多数的物流园区只做到了物流产业在地理空间上的集聚，即找一些物流公司来租仓库，仓库租完了，园区就只做物业服务，除此之外再没有什么可以做的了，信息、资源、技术共享程度很低，企业仍然在单干。物流园区应深入推进互联网与物流园区融合发展，推动物流园区公共信息平台技术升级、功能升级、模式升级，打造物流园区互联网平台，发挥网络效应，集聚更多物流资源和物流信息，构建物流园区平台化运作机制，重构物流园区商业模式。

### 五、多样化服务

目前，大部分物流园区还是以"物业式"经营为主，仅提供仓储、运输、配载、停车、理货、分拨等基本服务，综合服务功能较薄弱。未来物流园区的发展除了提供仓储、配送、货物集散、集拼箱、包装、流通加工等基本服务外，还能通过延伸物流园区的服务链条，为入驻企业提供物流咨询、解决方案、物流金融、商品展示、设施租赁、保险代理、保税边检等增值服务；要更具备区域物流服务网络覆盖能力，能从客户的实际物流需求出发，为客户提供集商流、信息流、物流、资金流于一体的商贸流通服务。

## 六、联动化发展

现代物流园区联动发展的各种方式在联动关系紧密程度、联动业务范围大小等方面存在着较大的差别。另外，在联动目的、对象以及有关要求方面均存在着一定的区别。

第一，实现产业联动。产业支撑是物流园区赖以生存的基础条件，联动发展是物流园区发展的必由之路，一是推动物流与实体产业联动发展，如推动物流与制造业联动发展、推动物流与商贸业联动发展等；二是推动物流与电子商务联动发展，如推动物流与跨境电商联动发展、完善跨境电商物流服务模式等；三是推动物流与金融保险融合发展。

第二，实现区域联动。充分发挥广州的区位优势，通过物流园区的布局实现与"一带一路"、粤港澳大湾区建设战略的对接，加强与香港、澳门以及珠三角其他地区的物流联系，实现区域物流联动发展。

## 七、联盟化运营

随着物流行业的蓬勃发展，物流园区已经走到了一个发展的"瓶颈期"，往往是物流园区数量已经达到一个可观的数字，但是发展水平良莠不齐。一方面各物流园区向各自经营方向的专业化程度越来越高，单个物流园区已经不能满足物流服务的全球化和综合化发展需要；另一方面，信息来源渠道广泛，单个物流园区信息获取能力有限、信息获取难度大，若不建立信息沟通与共享机制，物流园区内的信息联动与共享就很难实现，从而也就无法实现物流资源优化配置。应通过与其他类型的物流园区建立起互联互通联盟，共享联盟内伙伴企业的物流资源、物流信息，创新服务模式，改善服务功能，扩大物流服务覆盖范围，将枢纽服务、商贸服务、生产服务、综合服务型物流园区联合起来，优化物流资源配置，提升物流园区对经济发展的推动力。切实发挥联盟的纽带作用，推动多方交流合作、信息互联互通、物流资源共享、标准规范制定、行业技术创新、技术成果推广、行业自律管理。

## 八、绿色化生产

绿色物流园区建设依靠先进的理念、技术和管理手段，围绕物流园区规划、建设、运营、管理全过程和各环节，实现物流园区高能效、低能耗、低污染、低排放运营。绿色物流园区建设以实现物流园区高能效、低能耗、低污染、低排放运营为目标，依靠先进的理念、技术和管理手段，贯穿物流园区规划、建设、运营、管理全过程，以提高能源利用效率和污染物治理率，提高托盘、集装箱、车辆等设施设备的利用率，增加使用新能源的比重，降低二氧化碳和污染物排放强度，降低物流园区对环境的污染，减少资源消耗。

其主要任务一方面是构建绿色物流指标体系，包括环境保护方面的指标，如"三废"排放量、包装回收率和再利用率、能源消耗、员工环保意识；还有关于经营效益方面的指标，如集装箱周转率、车辆满载率、托盘利用率、货物在停留场所滞留时间等。另一方面是推动绿色装备及技术的创新。一是采用低污染的运输车辆，减少废气排放，如电动汽车、天然气汽车、甲醇汽车、液化石油气汽车，太阳能汽车等；二是减少装卸搬运过程中的非绿色因素，比如采用除尘装置，实行统一的环境监测和监督制度，适当的建立废弃物处理系统，使用清洁装置，禁止乱排乱放，最大限度减少污染物排放量；三是采用绿色包装，实现包装标准化和集装化，节约包装材料和费用，比如采用周转包装，实现循环使用，对废弃包装进行再生处理等；四是建设可持续发展的仓储系统，提高仓储系统的自动化程度，比如制定绿色仓储规划，减少设备噪声，移动设备的震动和烟尘污染等，采用现代仓储保养技术。

# 第九章

# 广州物流园区升级改造与发展的思路

## 第一节　广州物流园区整体布局思路

### 一、物流园区规划布局优化的指导思想

#### （一）服务粤港澳大湾区的发展

《粤港澳大湾区发展规划纲要》中提出要依托湾区内港口、机场等口岸物流基础设施，构建海、陆、空连通全球主要港口、亚欧大陆、主要机场的国际物流通道网络；充分发挥要素禀赋、基础设施等优势资源，打造一批国际一流的贸易物流、航运物流和电商物流服务基地；建设港口与航运中心、机场与航空中心、铁路与多式联运中心、物流与供应链管理中心、要素交易与创新金融中心，从而提升粤港澳大湾区全球物流枢纽地位。《纲要》要求加快构筑"内连外通"的物流通道格局，推进大宗商品物流、商贸物流、危化品物流、冷链物流等基地建设，利用大数据技术大力发展多式联运。而作为枢纽型网络城市和全国物流节点城市的广州，要从服务粤港澳大湾区的大局出发，结合自身的资源禀赋规划未来的发展方向，以物流园区升级改造为抓手，为粤港澳大湾区建设贡献"广州力量"。

#### （二）与广州产业发展相融合

2019年6月广州市政府印发了《广州市协同构建粤港澳大湾区具有国

际竞争力的现代产业体系行动计划》，提出以先进制造业、战略性新兴产业、现代服务业、海洋经济、都市现代农业为主导，以九大行动为支撑，以六项措施为保障的"1596"现代产业体系，形成"一核、一廊、三翼、多极驱动"产业空间布局，携手粤港澳大湾区城市共建世界级产业集群。目前，广州物流园区虽然数量多，但绝大多数物流园区缺乏创新，管理和运作方式粗放，整体效率与效益不高，再加上物流园区缺少一体化的物流服务功能，在很大程度上制约了产业物流需求的释放，削弱了物流园区与产业的联动关系，不仅对物流园区的集聚化、规模化发展十分不利，也很难起到推进产业转型升级的作用。因此，广州应结合产业发展布局，规划建设以下几类物流园区：一是依托综合交通枢纽发展货运枢纽型物流园区及航空快件中心，做大公路港、海港、空港及高铁港物流，主要依托南沙港、黄埔港、白云机场、大朗火车站以及东南西北方向进入广州的公路交通枢纽来规划建设。二是支持在专业（批发）市场、城市商圈发展商贸服务型物流园区，提供仓储配送、展示贸易、电子商务、金融保险等一体化综合商贸物流服务，主要依托各专业（批发）市场、城市商圈、电商示范区、会展服务区来规划建设。三是鼓励制造业集聚区发展生产服务型物流园区，为制造业提供采购分销、库存管理、物料计划、流通加工、运输分拨、报关报检、产品回收等全程供应链物流服务，主要依托各大工业园区来规划建设。四是支持依托口岸、海关特殊监管区域及保税监管场所等发展口岸服务型物流园区，完善报关报检、保税仓储、保税加工、国际采购、国际分销、国际中转、转口贸易等国际物流服务，主要依托保税区、跨境电商服务区来规划建设。

（三）避免物流园区出现同城同区域同质化现象

2021 年，广州市人民政府印发实施了《广州市精准支持现代物流高质量发展的若干措施》，提出推动广州加快建设"全球效率最高、成本最低、最具竞争力"的国际物流中心，营造现代物流和供应链良好的发展环境，促进现代物流高质量发展。社会化分工加速了园区的专业化程度，比如，随着生鲜食品市场逐渐升温，重资产、高标准的冷链物流园区成为新兴需求；而在线零售的持续蓬勃发展，则催生了以订单快速响应为主要需求的电商物流园区；此外还有危险品物流园区、医药园区等，专业化物流园区市场大有可为。然而，目前大多数物流园区却依旧陷在"同质化"的泥潭，园区的目标客户不明确、功能定位不清晰、服务特色不鲜明，满足不了企业的个性化物流需求。细分客户群，打造服务特色，实现精益化运作、精细化管理，采取差异化发展战略，既顺应了社会化分工的发展趋势，又避免了同质化竞争。物流园区运营者应根据园区的区位优势、交通条件、基础设施情况、区域经济环境及市场需求，充分发挥自身优势，走出一条"个性化"道路。

## 二、物流园区规划布局优化的主要建议

根据广州市城市总体规划、综合交通运输体系和产业布局，结合物流业发展基础和未来发展趋势，在现有"4+4+8+12"（4 个国际物流园区：空港国际物流园区、大田国际物流园区、黄埔国际物流园区、南沙国际物流园区。4 个区域物流园区：增城物流园区、白云现代商贸物流园区、花都物流园区、从化物流园区。8 个专业物流基地：江高农产品物流基地、风神汽车物流基地、林安第四方物流基地、黄埔生产资料与生物医药物流基地、裕丰综合物流基地、黄阁汽车物流基地、小虎岛石化物流基地和大岗装备物流基地。12 个城市配送中心：元岗、新塘、文冲、双沙、将军山、利丰、汉溪、龙溪、化龙、石楼、和兴和贤江配送中心。）的"骨干物流网络+区域物流网络+专业物流网络+市内配送网络"的物流园区空间体系的基础上，进一步优化广州市物流园区的布局规划，形成重点突出、分工明确、功能完整、特色鲜明的物流园区体系。

（一）建立协同发展联盟机制，加强区域物流园区的协调合作

以区域物流发展总体规划目标为指导，建立物流园区协同发展的联盟机制，解决定位不明确、功能不清晰、同质化严重、辐射范围重叠、服务功能冗余等问题，充分考虑不同物流园区的功能定位，合理分工、优化布

局、协同发展。从市级层面出发，建立由市领导挂帅的协调各物流园区工作的物流园区升级改造与发展领导小组，统筹全市物流园区的规划、建设、运营管理。主要包括：一是由市领导牵头，成立领导小组，统筹广州市物流园区协调发展事项，制定组织管理、沟通协调、利益分配等联盟运行机制。二是从各物流园区抽调精干力量组成小组，分管各物流园区物流工作，并对市领导小组负责。三是制定切实可行的工作方案与工作目标，根据工作进度安排进行逐级推进落实，并建立定期沟通反馈与考核机制。

### （二）以粤港澳大湾区建设为契机，布局跨区域型物流园区

为促进区域物流协同发展，在运输、储存、装卸搬运、包装、流通加工、配送、信息处理等各个物流环节，粤港澳三地应逐步形成优势互补、协作互动的良好关系。一是建设粤港澳大湾区多式联运现代物流园区，推进粤港澳大湾区跨境物流发展。加快南沙保税港区物流园区的建设，实现与香港机场的"空陆联运"目标；借鉴深圳经验，建设"海运国际中转分拨集拼中心""离港空运服务中心"；推动粤港澳大湾区多式联运现代物流园区项目落户广州，实现公、铁、水、空智能多式联运；建设粤港澳大湾区中欧班列始发站，深度参与"一带一路"亚欧物流新通道建设，打造成粤港澳大湾区与东南亚、南亚、欧洲联结的重要节点。二是建设电商物流园区（重点是冷链物流园区）。近年来，粤港澳大湾区的总体经济增速一直保持在7%以上，粤港澳大湾区城市居民消费观念在过去三年里也发生着改变，食品生鲜、鲜花农资等类目成为湾区内居民在线消费新选择；生鲜及鲜花这一品类对冷链物流、末端配送等基础设施的环节要求异常苛刻。三是建设保税物流园区，促进供应链物流联合发展。保税物流园区建设促使湾区内形成境内外供应链物流网络，发展供应链物流能降低企业整体物流成本，提高行业运营效率。

### （三）以"三个枢纽"建设为依托，发展货运枢纽型物流园集聚区

1. 依托南沙，打造海港枢纽

2019年9月，以广州港集团为运营主体的"广州港口型国家物流枢

纽"项目成功入选第一批国家物流枢纽建设名单。广州在粤港澳大湾区航运枢纽建设中的定位进一步明确,《建设广州国际航运中心三年行动计划(2018—2020年)》提出广州力争经过三年努力,广州港的综合实力、现代化建设水平走在全国港口前列,自由贸易港建设取得突破,在粤港澳大湾区世界级航运枢纽建设中发挥引领作用,广州国际航运中心建设再上新台阶。

2020年,广州港货物吞吐量6.36亿吨,居全球第四,其中,内贸4.9亿吨,居全国第一;集装箱吞吐量2350.5万标箱,居全球第五,其中,内贸1445万标箱,居全国第一。南沙在国际航运中心的建设当中地位更加凸显,被授予"粤港澳大湾区航运服务示范区"的称号。依据南沙商品汽车枢纽港、粮食中转港、冷链物流"母港"的定位,发展汽车和石化物流,推动国际汽车城产业区块(鱼窝头区块、裕丰综合物流基地)、小虎沙仔岛产业区(小虎岛石化物流基地)的进一步发展;依托南沙国际物流中心(南区)项目,建设临港分配枢纽型冷库功能的综合性冷链物流园区。依托南沙自由贸易试验区、南沙保税港区、广州保税区、广州国际物流园、广州出口加工区,建设保税物流基地、保税期货交割基地、出口采购配送基地和保税离岸货物基地,建设与国际市场接轨的物流园区和保税物流网络体系。加快临港物流仓储设施建设,力争三年新增仓储物流面积60万平方米,打造一批出口型物流基地和进口型分拨基地,引入国际知名第三方物流商进驻。推进南沙港区三期后方物流园、南沙跨境电子商务产业园区和粤港澳大湾区国际分拨中心等重点项目建设。推动在南沙设立白云机场异地货站,依托南沙国际物流中心(北区)项目,建设具有铁路集装箱站(场)的普通货物物流园区,实现海铁联运,提升港口竞争力。利用保税港区后方用地、广远综合物流基地项目等,建设一批非保税仓。积极构建跨境电子商务物流服务平台和配送网络。

2. 依托白云机场,打造白云空港枢纽

《推进广州国际航空枢纽和临空经济示范区建设三年行动计划(2017—2019年)》提出建设具有国际竞争力的国际航空产业城、世界枢纽港的战略定位，总体目标是到 2025 年货邮吞吐量达 300 万吨，枢纽功能较为完善，临空高端产业加快发展，国际航空枢纽对广州乃至粤港澳大湾区产业升级的带动作用显著增强。受新冠肺炎疫情影响，但 2020 年白云机场货运量还是接近 176 万吨，全国排名第二，同比下降 8.4%，初步形成全国较大的空港物流中心；入驻白云机场综保区跨境电商企业逾千家、商品备案项数超 10 万种，覆盖保税仓进口等 5 种跨境电商业务领域；机场综保区进出口额多年来以两位数快速增长；航空制造业得到了高速发展，广州航空产业集群初步形成。充分利用保税等海关特殊监管区的政策优势并与临空经济区域规划结合，加快发展白云机场保税物流园区、跨境电商物流园区、冷链物流园区、航空制造物流园区的建设。一是进一步推动广州白云机场综合保税区发展，依托白云国际物流园、国际 1 号货站，发挥区域交通网络优势，建立知名产品国际中转分拨中心，打造华南地区的国际航空物流枢纽和全球供应链的重要节点，实现"区港一体化"运作的综合保税区。二是建设广州空港物流产业园区，以空港经济区为依托，以"园区+平台"为发展模式，以推动空港物流产业发展为驱动，建立辐射中国南部的高端空港物流产业园，打造新型的空港产业经济。

3. 依托广州北站，打造广州铁路枢纽

广州北站已经接入京广、武广以及正在建设的广清城轨、广州地铁 9 号线，未来还将引入广佛城际环线、穗莞深城际线和广州地铁 8 号线，更将成为广河高铁、广湛高铁的始发站。扩建后的广州北站不仅将成为集普铁、高铁、城轨共 18 台 37 线为一体的铁路交会站，还有机会接入蓉欧快铁，通往欧洲。为顺应国家"一带一路"倡议谋划，成都—波兰的蓉欧快铁打通了向西铁路通道，广州将接驳蓉欧快铁，可贯通广州"陆上丝绸之路"。此外，在广州各大火车站中，广州北站坐享邻近白云机场的便利，是开展空铁联运的理想站点。

（四）以产业规划为指引，通过"北优南增"优化物流园区布局

进一步优化广州北站（花都站、江村站、棠溪站）的功能，发挥原有的货运站优势，将运往俄罗斯及欧洲国家的跨境电商货物、我国南北枢纽

型货物、适合铁路运输的货物集中在广州北站运输。并在北站附近或者靠近主干道的狮岭，或花都清远交界寻找建立工业品和生产资料（原材料）等物流园区；而在花都或江村、白云区北边、黄埔区寻找新的地块建设电子商务快递物流园区。把分布在白云区各城中村的小型物流园区，或者仅仅是停车场、货运场性质的物流园区进行搬迁拆除；保留中大型的物流园区，从而实现"北优"。而针对港口运输货物和港口集散运输的货物，可以进一步在南沙和黄埔区建立港口型物流园区，对南沙港和黄埔港及造船厂地块进行优化升级改造，建立"智慧型"港口、无人港，并将节约出来的地块建立物流集散基地，从而实现"南增"。

（五）实施物流园区的层级划分与布局

物流园区的层级划分直接关系到网络布局方案的合理性和可靠性。广州市物流园区层级可以分为以下三级：第一，国际性枢纽型物流园区。主要是指与远洋港口、国际机场、海河转运重要港口等紧密相连，具备大型集装箱运输条件、与海关监管通道相结合的大型转运枢纽，具备强大的物流辐射能力和物流存储能力，可向省际、全国及国际范围内的用户提供服务的物流园区。第二，区域性综合型物流园区。主要是指与城市对外交通枢纽（包括港口、铁路、公路）相结合，与城市货运通道（干线）紧密联系的大型物流转运、集散枢纽，主要是以处理国内区域物流为主。第三，市域配送型物流节点。主要是指以处理市域物流为主的物流节点，具备一定的货物运输、储存保管、分拣包装、配送、信息服务、业务受理等功能，如企业物流中心、专业配送中心、货运市场等。

（六）规范物流园区的设计、建设与管理

严格按照《物流园区分类与规划基本要求 GB/T21334—2017》及本地物流园区建设规程中城市用地、消防、水电等方面的法律法规规定，纠正一些不切实际和错误的做法，规范物流园区的设计、建设与管理。目前，在物流园区的容积率、办公区域的占比、机动车和非机动车的车位配置、消防设施和管理的规定等方面还存在一些不切实际的地方，给企业经营管理带来比较大的困扰。例如，如果把 10 万平方米的园区，九万平方米做物流用，一万平方米做办公用，按这个标准来算的话，机动车位要 320 个，非机动车位要 1100 个，那么，到底是建园区还是建停车场。如果严格按照 2014 年物流行业的法规，消防车道宽要 4 米，消防车要离外墙 5 米。另外，很多地方消防要求车从中间开，所以这边要有 5 米，那边也要有 5 米，如果有 14 米的话，土地利用率就低了。

# 第二节　广州物流园区提质增效的主要思路

## 一、物流园区提质增效的指导思想

### （一）提升园区信息化、智慧化水平

大力发展"互联网+高效物流"，以 5G、移动互联网、大数据、物联网、云计算、北斗导航、生物识别等现代信息技术研发与应用为重点，从要素数字化、经营数字化、过程可视化、产品追溯化、管理智能化、物流作业无人化等方面推动物流园区转型升级，逐渐实现数据采集自动化、业务流程自动化、物流过程可控化、智能化、网络化，最终实现线上互通、线下互联。一是以资源共享、数据互联、信息互通为重点，推进园区的物流信息资源整合，推动物流相关政务信息系统的开放与对接，打造集信息发布、资源交易、供需对接、商务磋商、政务服务等功能于一体且具有区域影响力的园区公共信息平台。二是以行业信息共管、共享、共用为重点，整合供应链各环节物流信息、商品信息、物流技术和设备等资源，推动行业物流信息系统的开放与对接，打造集信息采集发布、标准化建设、电子商务、价格指数发布、溯源追踪等功能于一体且具有行业影响力的园区专业物流信息平台。三是打造智慧物流园区样板，推进"智慧停车""智慧能源""智慧建筑""智慧调度"的全场景落地。推广射频识别技术

（RFID）、电子数据交换（EDI）、自动分拣、不停车自动交费系统（ETC）等先进物流技术和自动化立体仓库、自动导引车辆（AGV）、自动化装卸系统等先进物流装备在物流园区中的应用，加强运输、仓储、配送等物流环节的智能化建设，提升产品可追溯、车辆智能调度与监控、自动分拣、电商异地分仓与智能快递、智能配货等物流活动的智能化水平。鼓励物流园区应用云计算、物联网、大数据、移动互联网等新一代信息技术，引进数据分析企业、数据解决方案提供商进驻，建设统一、集成的数据库，深度挖掘物流大数据价值。

（二）增强园区综合服务与运营能力

考虑到综合型和专业型物流园区的特点不同，鼓励园区有针对性地提升基础物流服务、增值服务及配套服务功能，推动基础物流服务、增值服务及配套服务的集约和整合，为入驻企业提供全方位、综合性、一站式、个性化、专业化的服务。强化干线运输、公共仓储、中转联运、区域分拨、城市配送等基本物流功能，增强港口物流、铁路物流、电商物流、冷链物流、危险品物流、汽车物流、石化物流、粮食物流、应急物流等专业物流服务能力，实现各环节之间的协调对接，提高一体化、专业化物流服务水平。积极开展集中采购、流通加工、电子商务、方案优化、展示交易、教育培训等延伸服务，增强园区的物流金融、供应链设计、物流地产、管理咨询、技术研发等增值服务能力。积极引入工商、税务、海关、商检等政务部门及银行、保险、会计、律师等商务机构，构建园区政务服务、公共信息、法律咨询、投融资等服务平台。开展车辆管理、物业管理、检测维修、餐饮住宿等配套服务，全面提升园区配套的服务能力。

（三）推动运营管理机制和管理模式创新

按照市场主导、政府引导的总体要求，推动物流园区运营管理机制、投资开发模式和服务模式的创新。鼓励物流园区成立独立的运营管理机构，建立政府规划引导、公司化运营的物流园区经营管理体制，鼓励物流园区组建管理委员会或成立统一经营管理公司，有效开展园区的开发建设和经营管理。立足物流园区的可持续发展，采用联合培养、人才引进等方式，打造一批高水平、专业化的物流园区运营管理团队。着力引进一批实力强、影响力大的物流企业设立区域总部、分拨中心和配送中心，壮大一批品牌物流园区和物流企业，提高物流运作组织化、规模化水平。加强园区物流信息平台、政务服务平台、商务服务平台、投融资平台等公共服务平台的建设，促进园区内物流、信息流、商流和资金流"四流合一"，增强园区的营运能力，进一步提升园区的服务能级。

## 二、物流园区提质增效的主要措施

### （一）建设"智慧"型物流园区

物流园区正从早期的单纯提供办公场所物理空间的物流园区 1.0 模式向"商务物流园区"和"智慧物流园区"演进。"智慧"主要体现在信息化、机械化和自动化、智能化、融合化和协同化四大方面。首先，信息化。大数据时代，信息化建设已成为传统物流园区转型发展的目标和方向。信息化是物流园区的数据基础，这就需要计算机管理覆盖率要达到 100%，包括采购管理、订单管理、作业快速响应、仓储管理、可视化、客户管理系统等各个方面。其次，机械化和自动化。机械化和自动化是成本比较下的人机匹配，包括自动存储、分拣、扫描、包装、装卸搬运、无人机巡查盘点等，倘若将这些设备应用于物流园区，将会大大提升运营效率。然后，智能化。通过智能化，可以具备数据处理能力，判断新情况，进而提供科学合理的决策方案，可以应用于管理库存、补货、纠错、安全预警、线路优化、物联网应用等方面。最后，融合化和协同化。所谓融合化是指物流与制造、商贸、金融等其他服务业的融合。所谓协同化是指全行业、全流程协同，表现在车货匹配、园区互通、信息共用等方面。

2019 年 8 月，广东林安物流集团与中国移动广州分公司在白云区太和镇签署《5G智慧物流园战略合作协议》，广东首个5G智慧物流园正式宣告落地白云区，广东林安物流集团将和中国移动在5G商用、大数据应用、通信服务等方面加强合作，利用信息化技术和数据资源共建5G智慧物流园。园区建成后，将对传统物流园的监督管理、规划利用、多方协同和安全驾驶等方面产生促进作用。积极总结"林安经验"并进行推广，推动"智慧"型物流园区的建设。

（二）建设"供应链"型物流园区

推动物流园区功能整合和业务创新，不断提升专业化服务水平，鼓励制造企业剥离物流业务，有效整合制造业分离外包的物流设施资源，积极引入供应链管理理念、技术和方法，运用VMI（供应商管理库存）、JIT（无库存生产方式）、云服务等先进物流运作模式，为客户提供一体化、定制化、个性化和精益化的供应链物流服务，促进从"中转型"到"供应链型"物流园区的转变。例如，"嘉诚国际港"物流园区项目是单体规模最大物流仓储中心，承担了原料、加工、销售的各个环节，形成一体化供应链的闭环，能够减少很多物流中的环节，物流效率高、企业成本低。借鉴嘉诚国际港的运作经验，并进行示范和推广，推动"供应链"型物流园区的建设。

（三）建设"标准"型物流园区

对标国际一流标准，推进园区物流标准化建设，支持物流园区仓储设施、转运设施、运输工具、包装工具、停靠和装卸站（点）的标准化建设和改造，推广托盘、集装箱、货架、包装箱等标准化设备在物流园区中的应用，推动条形码、RFID、自动包装等物流技术及智慧物流信息标准化建设。积极开展物流标准试点工作，以重点物流园区或物流中心为试点对象，加强物流标准化建设，发挥试点单位的示范带动作用。推动重点物流园区和物流企业参与高端装备、汽车制造、农产品、化工等行业及城市配送、多式联运、冷链物流、电商物流、港口物流等领域物流技术标准和管理标准的制定和试点工作，推动智慧物流基础通用标准、感知和传输标准、数据采集标准、设备标准、服务标准和安全标准建设。引导有条件的物流园区和企业参与国家和省物流标准化建设，建立政府引导、企业主导的物流标准化运行机制。

（四）建设"绿色"型物流园区

在物流园区的功能设计方面，从资源角度出发，注重废弃物的循环再利用，将逆向物流融合到园区的功能设计中去，协调供应链中逆向物流与正向物流的关系，最终形成具有"循环回路"的物流体系。建立城市托盘共用系统，提高托盘、集装箱等标准化器具和包装物的循环利用水平，构建低环境负荷的循环物流系统。加快推广绿色低碳技术，鼓励物流园区和物流企业采用节能和清洁能源运输工具与物流装备，推广应用节能型绿色仓储设施。提升园区绿色物流发展水平，推广多式联运、甩挂运输、共同配送等先进的物流组织模式。推进城市绿色货运配送体系建设，完善城市配送车辆标准和通行管控措施，鼓励电动汽车等节能环保车型在城市配送中的推广应用。建立绿色物流评估和认证体系，加强对物流能源消耗和碳排放的管理。鼓励物流园区发展回收物流项目，加快建设一批回收物流中心，提高回收物品的逆向物流服务水平。


# 第三节　广州物流园区资源整合与联动发展的主要思路


## 一、资源整合与联动发展的指导思想

（一）加强园区资源整合与提升改造

按照全市"4+4+8+12"的物流园区空间布局，对现有物流园区的发展情况进行全面梳理，明确发展重点和功能定位，引导园区分层错位发展。打破行政区域和行业界限，有效整合和规范引导物流园区发展，通过兼并联合、资产重组等方式，严格控制总量、盘活存量，优化整合物流园区资源，壮大重点物流园区的规模和实力。加快推动物流企业向物流园区集聚，吸引一批总部型物流企业、5A级第三方物流企业、知名企业的采购和配送中心等落户园区，推进其快速发展，并形成竞争优势。对于不在物流园区内的物流企业和已建物流项目，在市场运作机制和政府优惠政策的引导下，通过土地置换或财政补偿的方式，逐步引导物流企业入驻到合适的物流园区内。对无法入驻物流园区的物流企业或物流项目，鼓励其与物流园区建立联盟，充分利用信息共享技术和物流信息平台，实现信息与资源共享。

依托广州市特色产业基础，强化各类物流园区的功能整合。推进物流园区的功能定位及分类整合，打造成规模化、一体化、专业化、网络化的现代化物流园区，形成重点突出、特色明显、目标明确、定位准确、分级互动、相互协同的物流园区发展新格局。注重对现有仓储、运输等物流基础设施的整合利用与提升改造，淘汰老旧物流设施和设备，鼓励建设多层立体仓库。加强物流园区与公路、铁路、水运和航空运输设施的资源共享，引导物流资源向物流园区集聚。以节约集约利用土地为宗旨，严格使用标准，明确用地类型，强化物流园区用地管理，积极盘活物流园区的闲置土地资源，提高物流园区土地利用的集约化水平。

（二）推动园区联动融合与创新发展

物流园区与单一功能性物流企业，其他物流园区、工业园区、产业集群企业、其他区域物流系统都存在着联动的可能，其联动的方式、关系、范围、目的，以及发展重心如表9-1所示。

**表9-1　各种联动方式的特点对比**

| 联动方式 | 联动关系 | 联动范围 | 联动目的 | 联动对象 | 发展重心 |
| --- | --- | --- | --- | --- | --- |
| 物流功能业务联动 | 松散 | 物流园区内部 | 功能互补 | 单一功能型物流企业 | 功能整合 |
| 专业物流园区战略联动 | 物流园区战略联盟 | 物流园区之间 | 区域物流系统资源整合 | 跨区域物流园区 | 战略资源整合重组与协同运作 |
| 物流园区与工业园区的联动 | 战略配套 | 物流园区与其他产业之间 | 配套服务与产业联动 | 工业园区 | 综合一体化服务、服务创新 |

| 联动方式 | 联动关系 | 联动范围 | 联动目的 | 联动对象 | 发展重心 |
|---|---|---|---|---|---|
| 物流园区与其他功能区的联动 | 战略互补 | 物流园区与某些特殊功能区之间 | 优势互补、资源共享 | 特殊功能区 | 政策延伸、资源共享 |
| 物流园区与产业集群的联动 | 战略支撑 | 产业集群 | 推动产业集群发展 | 产业集群企业 | 适应产业集群的发展需要 |
| 区域物流一体化 | 战略一体化 | 区域市场 | 推动区域经济一体化 | 区域物流系统 | 区域物流共同体构建 |

联动方式的选择要考虑到区域经济一体化进程的阶段，以及区域物流系统构成状况与整合情况，联动方式的选择策略矩阵如图 9-1 所示。

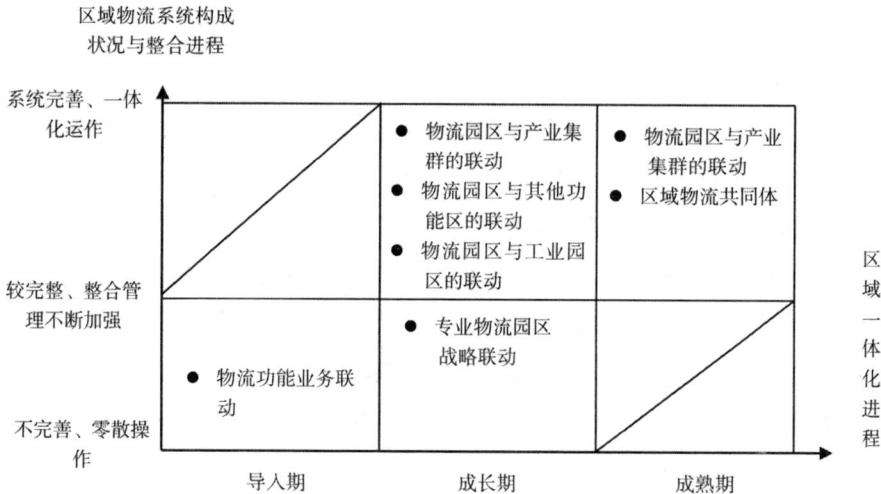

图 9-1　现代物流园区联动方式的选择策略矩阵

结合广州的具体情况，应以减少环节、提高效率为重点，加强物流园区与港口、机场、铁路货场、陆路口岸等交通枢纽合作，构建物流快速通道，推动交通物流融合发展。推动物流园区与经济技术开发区、工业园区等产业集聚区的融合互动，实现资源共用、功能共享、互利共赢。以资本联动、信息联动、技术联动、营运联动、人才联动为重点，推动全市物流园区之间的联动对接，共同打造物流产业链和产业集群。加强市内物流园区与港、澳、珠三角城市及国内其他主要物流园区之间的深层次合作，加快区域物流一体化进程。推动物流园区积极对接"一带一路"、广东自贸区、粤港澳大湾区建设，加快推进国际中转、区域分拨、保税物流、国际多式联运等功能建设，拓展国际物流服务网络，提升国际物流服务水平。推进物流园区与广州保税区等海关特殊监管区的业务联动，进一步提高通关效率，建立口岸管理部门联动机制，提升重点口岸设施的国际化水平。推动物流园区与制造业、商贸业、电子商务、金融等融合发展。鼓励物流园区发展共同配送、公共配送等，整合物流信息、金融、保险等多种与商贸活动密切相关的服务功能，构建集物流、展示交易、电子交易、贸易等服务为一体的现代化物流商贸体系。

### （三）促进物流园区间的互联互通

目前，物流园区呈现出各自为政、点式经营的割裂局面，形成多个"信息孤岛"和"封闭式园区"，信息闭塞和不对称造成了运输、仓储、库存、管理和时间成本的增加，这既与全球经济一体化发展的要求相违背，又不符合供应链管理的思想，违背了物流园区建设的初衷。物流资源分散、物流园区缺乏有效互联互通机制，不仅造成物流服务供需结构性失衡，也无法带来规模经济和网络优势。物流园区间的互联互通需要推进智慧化管理平台的建设，在政府部门、行业协会、园区主管部门和企业等多方面的积极参与下，在大量的软、硬件支持下，完善应用规范标准，对接各类物流信息平台和物流数据，进行数据传输和数据交换，从而促进部门信息共享。借鉴"百驿网"物流园区互联互通平台"三公、三共、三互"的成功经验，从三个方面入手，坚持九个原则，即公益性、公信力、公司化，共商、共建、共享，互联、互通、互利，推动物流园区间的互联互通。其一是信息互通，不同信息平台的整合，包括园区门户网站、栏目、信息分类、搜索、导航、大数据应用等；其二是设施联通，这就需要设备标准与标配来实现，包括托盘、叉车、货架、站台、库房、堆场等都有统一的标准可循；其三是标准相通，包括术语行规、作业标准、包装模数等；其四是交易匹配，包括车货匹配、库货匹配、库容匹配、功能匹配等；其五是互为代理，可以代收、代付、代验、代运、代监管等。

## 二、资源整合与联动发展的主要措施

### （一）发展物流园区多式联运

统筹规划铁路、公路、水运、航空等多种交通运输枢纽建设，积极发展多式联运、滚装运输、甩挂运输和驼背运输，推进联运服务多样化，促进多种运输方式之间的顺畅衔接和高效中转，提高物流园区一体化衔接水平和中转换装效率。通过异地报关、异地报检等形式，进一步优化白云空港物流园区布局，完善报关报检系统，实现一体化报关报检。积极推进国家级枢纽航空和港口中心的发展，优化功能布局，实现多式联运。

一是实施海铁联运。广州铁路枢纽是华南地区重要的特大型铁路枢纽，货运体系依托江村铁路编组站，主要有下元、大朗等铁路货场，以及鱼珠、黄埔东两个港前站。依据《广州市铁路枢纽交通物流融合发展产业布局规划》，广州将设立南沙港站、万顷沙站、广州铁路集装箱中心站（白云区西部）3个站点，这3个中心站都连接了南沙港，实现了海铁联运。因此，应加强站点周边物流融合园区的建设，降低沿线地区企业物流成本，为有效实施海铁联运提供保障。

二是实施机场空运与海运联运。将白云空港物流园区的空运和黄埔、南沙海运结合起来，实现快件、电商快递品的"航空+公铁"联运；一般贸易物品的"海运+公铁"联运，从而实现广州东西区域物流园区的物流联动。

三是实施机场空运与北站快运联动。充分依托白云国际机场、广州北站、大田铁路集装箱中心站"三港"，打造全球综合航空枢纽、辐射带动珠三角、华南地区的经济发展和产业提升。

### （二）加强公共服务平台与标准化建设

推进"互联网+"货运平台建设，通过构建公路公共信息平台整合线下物流资源和物流服务需求，形成线上线下联动网络。推进"互联网+"仓储平台建设，构建全国性或区域性云仓储平台以及仓储资源网上交易平台，推动仓储资源和仓储服务在线开放和实时交易。推进"平台+"物流交易、供应链、跨境电商等合作模式，提供资源整合、供应链优化、供应链金融等服务。鼓励物流园区推进铁路、公路、水运、民航等各种运输方式一体化相关运输基础设施和运输装备的标准化建设，推广甩挂运输方式、集装技术和托盘化单元装载技术，加快仓储、转运设施、运输工具的标准化改造，推动条形码等物流技术以及托盘、集装箱等物流装卸设施设备的标准化建设，推广托盘、周转箱、集装箱等标准化装载单元循环共用，推进物流企业建立区域性、全国性托盘循环共用系统。推广"一单制"，推动集装箱铁水联运、铁公联运、公水联运等领域在"一单制"运输上率先突破。

（三）完善物流园区集疏运体系

推进物流园区周边"外循环"交通运输网络建设和物流园区"内循环"道路网络建设，提高干支衔接能力和转运分拨效率，打通物流园区"最后一公里"梗阻。优化物流园区所在地区控制性详细规划，科学研制物流园区发展规划，推进物流园区内部交通微循环和主次干道接驳系统建设。加强物流园区与外部交通的有效衔接，推动物流园区周边路面交通的规划、改建，优化物流园区周边路网和交通组织，完善物流园区周边的公路、铁路通道。加强物流园区和交通运输干线网络的衔接，推进现代物流与交通运输一体化融合发展，推动专用铁路、公路引入物流园区。围绕主要物流园区，加强集疏运铁路和公路建设，推动与干线铁路、高速公路和城市主干道的连接，提高干支衔接能力和转运分拨效率。加强与其他物流园区、物流节点和物流基础设施间的有机衔接，整合分散的物流设施资源和信息资源，推广共同配送、公共配送等先进组织模式，形成网络化发展格局。加强与重要交通枢纽、口岸、综合交通运输网络及其他物流节点等的协同作业，促进不同运输方式和作业环节的顺畅衔接。

（四）推进物流园区间的互联互通智慧化管理平台建设

结合市场需求、平台的功能定位和建设目标，从基础层、数据转换层、应用支撑层、应用服务层、数据中心五个方面对平台的组织架构进行设计，能够提供各类应用服务且能实现实时跟踪、全程监测、安全监管的功能。

# 第十章

# 广州物流园区升级改造与发展的模式

## 第一节　探索物流园区的投资开发模式

物流园区是为了实现土地资源、物流设施、物流信息、物流资源集约化以及物流集中运作，或者城市物流设施空间布局合理化目的而建设的。在其开发建设过程中，主要的利益相关者有政府、开发发起人、开发经营管理者、入驻企业、所有物流客户（物流服务需求者）。它们在园区的建设中，担负着不同角色，并履行相应义务，分享园区利益，满足自己的利益诉求。

政府是宏观规划者和管理者，是园区用地的提供者，掌握着园区的核准审批权，为园区的开发、运营主体及入驻企业提供服务支持，还创造了园区运营的政策环境。其追求土地出让收益等经济利益，追求城市交通的改善和城市功能、空间布局的优化，降低全社会物流成本；追求扩大就业，增加税收，促进区域经济结构的改善和发展质量的提升等社会效益。开发发起人是指取得园区建设行政许可，并将各当事人联系在一起组成开发主体的政府、企业或者个人，希望通过园区投资活动实现园区目标并获得一定的投资收益。开发主体就是负责园区征地与开发，完成园区交通、信息平台等基础设施建设的主体，希望通过园区的硬件设施设备出租（或转让）获得收益。运营管理者就是园区建成投运后，具体负责园区日常管理工作，为入驻企业提供服务的企业，其通过园区的长期稳定运营获取利润。入驻企业包括物流公司、制造企业以及商贸企业等有物流服务需求的企业，还包括银行、保险、物业公司等后勤配套服务企业。它们通过利用园区信息平台优势扩大业务规模，获取盈利，或者通过承租园区的设施、设备来降低经营成本。园区外的物流客户就是没进驻园区的物流服务需求者，希望利用园区优质、高效、低成本的物流服务，满足其低成本、高效率的物流业务外包需求。

## 一、投资开发模式类型

物流园区的规划和建设着眼于拟建园区的实际，包括交通、市场、区位、需求、环境、政策、规模、园区的整体定位等综合因素，借鉴国内外物流园区的成熟经验和先进模式，结合实际，加强管理体制和机制创新，考虑到广州的经济发展特点和对发展物流的需求，可以采用以下几种发展模式：一是经济开发区模式，即在特定的开发规划、开发政策和划定专门开发区域、设立专门开发部门的组织下进行的经济开发项目。二是主体企业引导模式，由一个有相对物流竞争优势的大型物流企业根据自身的扩张需要来规划和构建自己的大规模仓储中心、配送中心。三是工业地产商模式，由政府为园区开发者提供土地政策、税收政策、法律支持和优惠的市政配套等综合性配套政策，由工业地产商主持进行包括物流园区道路、绿化、仓库、办公室和其他物流基础设施及基础性装备的投资和建设；在整个物流园区基础建设前期开发结束后，针对入驻企业各自需要再进行综合规划。工业地产商模式又包括地产商为主导、物流商为主导、地产商和物流商共同主导、第三方运作四种类型。四是 PPP 模式（政府与社会资本合作模式），即公共部门与民营企业合作模式，指政府为了提供某种公共物品和服务，公共部门与私人组织以特许权为基础，通过签署合同达成合作式伙伴关系，并明确双方权利与义务。五是综合运作模式。是指对上述的经济开发区模式、主体企业引导模式、工业地产商模式、PPP 模式进行混合运用的物流园区开发模式。不同开发模式的优势和劣势如表 10-1 所示。

表 10-1　投资开发模式的优势和劣势比较

| 模式 | 优势 | 劣势 |
|------|------|------|
| 政府主导的经济开发区模式 | 有物流组织管理功能和经济发展功能的双重特性；建立在经济开发区模式基础之上的物流园区；构筑高效率和转变经济增长方式与新经济发展体系。 | 将物流园区的开发作为政府支撑物流业发展的形象工程，决策容易带有政绩色彩；对项目的市场风险意识薄弱；存在利用市场化手段少，园区开发效率低下等问题。 |
| 主体企业引导模式 | 利用市场进行物流资源和产业资源合理有效配置；利用物流技术进行企业经营；优势企业引入园区，实现物流产业的聚集；依托物流环境进行发展的工业、商业，进一步带动物流园区的发展。 | 要求主体企业具有战略眼光和较强的实力以及网络化、规模化经营能力；对园区的开发政策、园的物流运作基本交通、配套的城市基础设施等条件提出了较高的要求。 |
| 工业地产商模式（地产商主导） | 解决了物流企业资金的问题；帮助物流企业提高核心竞争力。 | 对于小规模的企业，由于设施设备多是较新的，租金成本可能过高。 |
| 工业地产商模式（物流商主导） | 物流企业比较熟悉自己所需要的物流设施，建成后可以节约一部分租金；物流折旧费用可以享受到税收减免的好处。 | 物流企业在管理设施会产生专业化水平不高、管理效率低下等问题；运营成本和建设成本较高。 |
| 工业地产商模式（地产商和物流商共同主导） | 可以发挥地产商在拿地、设施建设等方面的优势；同时发挥物流企业在物流效率设计、物流运营方面的优势，实现物流商和地产商的共赢。 | 两者合作前期面临信用风险；在后期利益分配问题、风险分担上可能出现矛盾。 |
| 工业地产商模式（第三方运作） | 充分利用了第三方的审查，从而避免了物流商和地产商的信用风险。 | 对第三方的要求比较高；需要社会信用档案的支持。 |
| PPP 模式 | 确保社会资本能够获取合理的投资回报；避免社会资本攫取暴利，损害公众利益；减轻政府财政负担以及私人部门的投资风险。 | 投资规模庞大、实施周期长；涉及多个参与者的分工与合作，利益相关方之间权利义务关系复杂；所面临的风险因素具有复杂性。 |
| 综合运作模式 | 可以取长补短，兼顾几种模式的优势，投资风险小。 | 模式较多，管理较为复杂；模式特征不明显，投资效果一般。 |

### 二、投资开发模式选择策略

每种投资开发模式都有其相对适应性和优势，它是物流园区建设的基础和关键，直接影响乃至决定着园区宏观目标、微观目标的实现。中心城市物流园区发展往往是在政府宏观调控下，以土地资源为载体进行的，地产商从政府手里获得土地资源，获得土地政策、税收政策和优惠的市政配套等综合性配套政策，采取"分期开发土地、循环利用资金"的方式逐步完成物流园区的道路、房地产、园区绿化等配套性装备的建设和投资，然后以租赁、转让等方式吸引专业物流企业入园进行投资建设与生产经营。建成后，引入公司进行园区日常管理工作。

通过对模式的理论分析，再借鉴国外物流园区发展模式的成功经验，中心城市物流园区升级改造与发展建议采用混合模式："地产商模式+主体企业引导模式"。在项目前期采用地产商模式，而投产运营后采用主体企业引导模式。这种混合模式既融合了政府对物流园区开发的规划意图，又防止一个先进入物流园区开发的主导企业对整个物流园区的行业垄断；能够满足各方需求，同时保证有一定的专业分工和适当的专业竞争。

## 第二节　变革物流园区的运营管理模式

实行物流园区管理的根本目的就是对参与对象之间的利益关系有效协调，其中，协调对象中包括了投资人员、物流行业、政府以及消费者等。任何一个服务组织在对管理模式进行选择的过程中，首先需要对组织目标以及内外部环境有全面的了解，然后在此基础上才能选出符合自身发展的管理模式。影响管理模式选择的因素：一是投资主体在经营目标和服务过程方面的差异性，二是政府的参与程度和行业协会的组织能力，三是物流园区的服务功能。

## 一、模式类型

为推进经营管理创新，鼓励物流园区组建管理委员会或成立负责整个园区的运营管理公司，有效开展园区的开发建设和运营管理。选择具有物流园区经营管理经验的企业参与管理，通过市场化运作，企业化经营，创新管理思想，提高管理水平，以避免园区管理过度行政化和物业化。

目前，较为常见的经营模式有以下几种：一是园区管委会模式。政府机构作为主体，以管委会的形式对物流园区规划和建设进行统筹管理，同时负责招商引资，为企业提供配套公共服务；政策导向明显，但是要避免因行政参与过多而限制市场灵活性的问题。二是企业自主运营模式。企业负责园区的开发建设、日常的经营管理及项目拓展；运营效率高，产生明显的经济效益，但企业自身承担较高风险。三是第三方物业模式。各投资主体完成规划和建设后，相应的土地、仓储、办公等产品出租给入驻公司，委托第三方进行物业管理；物业管理公司不参与具体经营过程，地产商投资行为占多数。

## 二、模式选择策略

物流园区的运营要坚持市场化运作，妥善处理政企关系，充分考虑到园区管委会、运营主体、物流园区方、管理方等利益相关方的诉求，选择合适的运营管理模式，要坚持以下几个策略。

### （一）遵守物流市场的运行规律

物流园区是属于服务行业的，但最终是服务市场需求的。因此，要想有效、科学管理好物流园区，就应该以市场需求为导向，对市场的发展状况以及需求有全面的了解，对市场的变化规律有全面的掌握，对市场的竞争态势有明确的判断；另外，需要处理好政企关系，既要充分利用政府提供的资源和政策，又不能让政府过多干预物流园区的运营。基于这一点，企业自主运营模式是有效的管理模式，通过企业化运作，对决策、管理以及监督职能等多个方面的职责进行明确和划分，在严格遵守责、权、利相结合的基础上，明晰园区各部门的职能及组织关系，只有通过这种管理模式才能在最大程度上满足市场经济发展的需求。

（二）重视政府部门的决策作用

物流园区的建设及发展是以土地资源为依托且服务地方宏观经济的发展，因此，政府部门在其中起到了非常重要的决策作用。物流园区的建设必须与城市发展的整体规划和城市物流行业的整体规划相适应和相协调。另外，政府的发展规划和宏观政策对物流园区的发展也有很大影响，因此，政府部门一定要注重对物流园区的规划和引导，在鼓励和支持的同时，要加强对物流园区的控制与监督力度。

（三）加强软环境的投入力度

物流园区的建设除了加强土地、设施、设备等硬件投入外，对技术、人才、管理、文化、营商环境等软环境的投入也要引起重视，这也将影响服务质量和服务水平，最终影响客户服务满意度。因此，加强对软环境的投入力度，重视先进技术的合理使用，重视人才的培养，打造一支高效的管理团队，塑造先进的企业文化，营造优越的营商环境，最终可实现管理水平的提升以及园区目标的达成。

# 第三节　创新物流园区的服务模式

## 一、积极发展"物流园区+"模式

（一）传统的"物流园区+"模式类型

"物流园区+"的概念是基于物流规模和生态的溢出和放大效应，其发展模式需要从不同层面进行处理，以便更好地发展和创新。目前，"物流园区+"发展模式主要包括：一是"物流园区+贸易"模式，即结合物流业与商贸流通，在物流园区进入企业业务运作中将供应链引入，与电子商务公司、批发零售企业和分销公司建立合作关系，促进两者的良性互动。二是"物流园区+产业链"模式，即物流园区在与周边工业制造业、商贸服务业等不断进行融合发展且逐步增强产业集聚能力情况下形成的一种模式。三是"物流园区+金融"模式，即指各种金融产品通过有效组织和规范物流领域的货币资金流动，实现物流、信息流、商流和资金流的有机统一。四是"物流园区+互联网"模式，即通过互联网实现资源、信息线上线下融合，并提供协同服务，实现了信息平台和实体平台的联动发展。传统"物流园区+"模式的优势和劣势如表10-2所示。

表10-2　传统"物流园区+"模式比较

| 模式 | 优势 | 劣势 |
| --- | --- | --- |
| "物流园区+贸易" | 商贸公司通过利用园区平台的优势，提高销售物流服务的效率；销售物流服务要求更加严格，反向也会倒逼物流业的高质量发展。 | 仅关注贸易过程中的存储功能，因而不能完全发挥物流园区的优势；受物流园区选址限制，不利于贸易的开展。 |
| "物流园区+产业链" | 物流园区依托自身便利的集散分拨条件和集聚的物流资源优势，在园区内实现链条化的发展；通过O2O平台，实现线上线下产业链的同步发展，实现产业聚集与协同发展。 | 考虑到商业秘密或者企业利益，部分企业参与积极性不高；由于利益分配、风险分担、成员激励等机制的缺乏，导致很难推行；产业链组织复杂，整合难度大。 |
| "物流园区+金融" | 有利于为物流园区的发展拓展融资渠道；有利于企业开展仓单质押等物流金融服务，有利于业务多元化。 | 容易偏离主营业务且受到财政宏观政策的影响较大；有较大的信用风险和资金风险。 |
| "物流园区+互联网" | 有利于优化运营流程、简化运营环节、提高运营效率、减少运营成本和加快转型升级。 | 由于互联网的发展处于主导地位，导致物流园区缺乏自主性和创新性。 |

（二）"物流园区+"模式创新

"物流园区+"是以地产、物流、商贸、金融、信息、消费、服务七大产业集群化发展为基础，通过规模化、专业化、集约化、智能化的市场运作，带动区域经济结构和产业结构的调整，实现资源要素的高效连接、集中管理、优化配置、动态服务，从而提高资源的利用率、降低流通成本、提高服务水平、提升实体经济运行效率、推动商品与商业增值、催生供应链生态发展，形成以物流园区为基础设施和关键要素的跨界融合新模式。挖掘物流园区所汇聚的新的产业聚合与裂变要素，优化供应端、生产端到生活端服务的全过程，取代原有的商住地产、物流仓储、商贸零售、金融服务等，最终融合形成新的产业集群和发展业态，通过供应链思想重构新业态的生态体系。可以从以下六个方面推动"物流园区+"模式创新与发展：

第一，"物流园区+物流服务"。商业模式逐步从标准服务下的降低成本扩展为成本约束下的价值创新，重视物流业务以外的跨界服务对物流量的有力支撑。

第二，"物流园区+物流园区"。以开放的格局、超前的思维、创新的视野、先进的技术，推进物流园区跨地区、跨产业、跨行业合作，建立园区互联、标准统一、规则共建、信息互通、信用互认、资源共享、协同服务、合作共赢的协作机制，不断提高园区业务的一体化、网络化、专业化、个性化和规模化水平。

第三，"物流园区+人才"。建立多层次、多类型的物流复合型人才培养和服务体系，把园区打造成物流、供应链知识的配送中心和物流的"黄埔军校"。

第四，"物流园区+供应链"。积极引入供应链管理理念、方法和技术，运用 VMI、JIT、云服务等先进物流运作模式，为客户提供一体化、定制化、精细化和精益化的供应链物流服务。

第五，"物流园区+双创"。物流园区为创新创业提供技术、基础设施和市场的支撑，"双创"又为物流园区发展注入新的活力、发现新的机会、孵化新的业态，通过技术创新、模式创新催生出更加丰富的生态。应以"双创"为抓手，推动新技术、新模式在物流园区的运用与发展。

第六，"物流园区+生态"。物流园区本身就是一个微生态，同时是连接供应、生产和消费的纽带，为供应链整体优化提供环境支撑，带动了产业链的发展和区域产业集聚。另外，需关注物流园区生态圈和生态体系的建设，以促进产业集群的发展。

### 二、推动"智慧"物流园区建设

物流园区向"智慧化"升级，需要在充分开发物流园区功能的基础上，将移动互联、物联网、云计算与大数据等技术融合应用到物流园区各运作环节中。要以解决入驻企业或者是客户的困难为目标，从物流园区所服务企业的需求出发，结合园区发展的实际情况，有针对性、可行性地实施物流园区"智慧化"行动。要认清物流园区"智慧化"的多层次性，遵循循序渐进的原则，从低层到高层、从简单到复杂、从局部到整体逐步扎实推进"智慧化"。物流园区向"智慧化"转型主要涉及以下几个方面的工作：

第一，全面连接。加快园区业务线上化转型，推动物流园区全面接入互联网，推动设施设备、商品的物联网应用，最终通过互联网和物联网实现全面连接。以信息互联、设施互联带动物流互联、资源互联，打造线上线下融合的物流园区，助力线下物流园区创新业务的开展。

第二，数字转型。充分利用各类信息技术，实现物流园区数据可采集、可录入、可传输、可分析、可调用，实现一切业务数据化和无纸化，打破信息不对称和信息孤岛，提升物流数字化水平，再造物流园区业务流程和运营模式。

第三，智能升级。瞄准高标准物流设施设备、物流技术标准，满足高增长、高附加值、高质量物流服务需求，加快推进物流园区机械化、自动化、智能化建设，改变传统物流园区的运作方式，逐步用机器替代人，以提高园区整体运作效率。

第四，产业融合。通过信息间的互联互通，加强物流园区与产业集聚区的融合发展，将制造商贸业的采购、分销、物流、包装、流通加工、售后等非核心业务在物流园区集中，提升产业服务的专业化、社会化水平，助力区域产业结构调整和产业升级。

第五，平台开放。深入推进互联网与物流园区融合发展，推动物流园区公共信息平台技术升级、功能升级、模式升级、服务升级，打造物流园区互联网平台，发挥网络效应，集聚更多物流信息、物流资源和目标用户，打破园区区域限制和传统的合作机制，重构物流园区商业模式。

基于物联网技术的"智慧"物流园区建设主体架构可分为三层：感知层、网络层及应用层，整体框架如图 10-1 所示。

图 10-1　基于物联网的"智慧"物流园区整体架构

## 三、推动"互联网+"物流园区运营模式

"互联网+"时代物流园区的战略规划与运营，就是通过"互联网+"时代中产业发展多种功能的融合，完成现代物流园区的"需求端、供应端、信息端、管理端"的完整链接，将"互联网+"时代的信息流优势与

物流产业对接，形成基于互联网支撑基础上的物流园区发展框架，凸显现代物流的规模和功能的扩张。通过构建物流园区的电子商务信息平台来推动"互联网+"与物流园区的融合，通过电子商务信息平台来培养园区经营者的线上交易习惯，减少招商成本，增加物流支付功能；实现O2O模式，降低管理成本，提升服务水平；降低营销成本空置率和空载率。物流园区电子商务信息平台的运营过程，如图10-2所示。

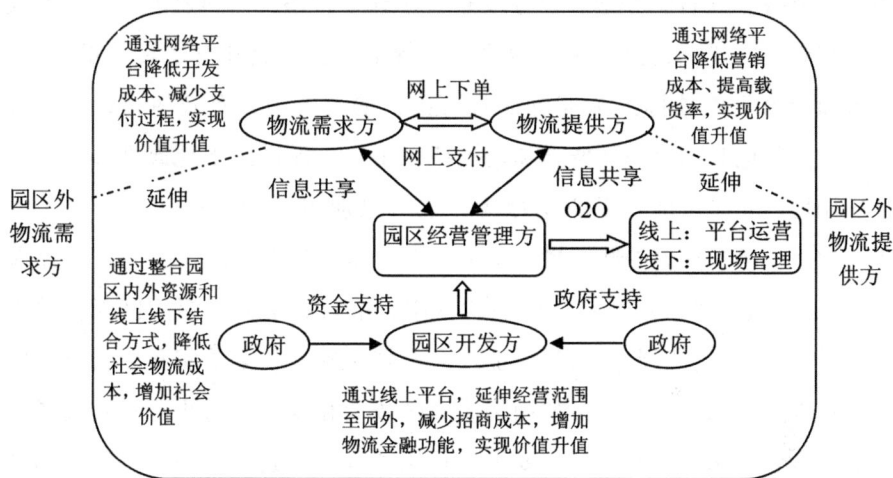

**图10-2  物流园区电子商务信息平台的运营过程**

# 第四节  广州物流园区升级改造与发展的保障措施

为有效推动广州物流园区升级改造，应从强化规划引领、完善管理体制、加大政策扶持、完善配套建设、加强评估考核、开展示范工程六个方面给予措施保障。

## 一、强化规划引领

《物流园区分类与基本标准》（GB/T21334—2017）明确了"单个物流园区总用地面积宜不小于 1 平方千米，物流园区所配套的行政办公、生活服务设施用地面积占园区总用地面积的比例，货运服务型和生产服务型应不大于 10%，商贸服务型和综合服务型应不大于 15%"的要求。但在实践中存在着一些"以物流园区建设之名，行拿地、商业开发之实"的情况。一方面，由于该项标准为非强制性标准，缺乏有力、有效执行；另一方面，由于各地对物流园区概念和内涵认识不一，提供的土地属性多样，有商服用地、仓储用地、工业用地等，这给识别园区的主体功能带来了困难。此外，还存在着一些以批发交易、生产加工等为主体功能的"物流园区"，这类园区掺杂在"真"物流园区中，给政府出台物流园区相关政策落地带来了困难。因此，一是要加强对规划实施、政策落实和项目推进的监督检查与跟踪评估，严格控制物流园区数量和规模，防止盲目建设或以物流园区名义圈占土地。二是要求各物流园区要高起点、高水平编制园区发展规划，进一步明确物流园区的功能定位、发展目标、空间布局、建设方案、运营管理模式等，指导园区科学可持续发展。三是要坚持"资源节约、环境友好"的原则，以市场导向为主，使资源配置得以有效优化；充分考虑区域的交通状况、有关配套设施等因素，选择交通便利的枢纽地区作为物流园区的用地。

## 二、完善管理体制

目前，物流园区建设中存在的最大问题就是缺乏上位规划，究其根源是管理体制不够明晰及多头管理、责任主体不明确等。因此，完善物流园区建设的管理体制是十分必要的。

一是建立综合协调机制。建立由市发展改革委、国土局、规划局、经信委、交通运输局、商务局、邮政管理局、海关等相关部门参与的全市物流园区综合协调管理机制，统筹全市物流园区规划建设，加强各职能部门之间的信息沟通和协作配合，及时解决物流园区发展中的突出矛盾和重大问题。各级政府要加强组织协调，统筹推进物流园区规划实施，完善政府监管，营造公平、有序的物流园区发展环境，引导和推动全市物流园区健康发展。加强对全市范围内新招引物流项目、新建物流园区的前期论证工作，加强布局管控。

二是发挥行业协会作用。物流及相关行业协会应充分发挥桥梁纽带作用，认真履行行业服务、自律、协调、引导和监督职能，做到在引导和监督的过程中体现公平公正，从而营造一个良好的竞合氛围；及时向政府有关部门反映物流园区在发展过程中存在的问题，积极协助相关部门做好物流园区的评价工作和物流园区标准的制定和应用；建立实施统计制度，总结推广先进经验，引导推动科技创新和信息化服务等相关工作，促进物流园区健康、有序发展。

### 三、加大政策扶持

一是财政扶持方面。加大对物流园区基础设施的投资扶持，特别是支持"一带一路"、南沙自贸区、粤港澳大湾区建设的关键性、枢纽性物流设施建设。对列入规划的重点物流园区，市政府可根据项目情况和财力状况适当安排地方财政建设投资，以投资补助、资金注入或贷款贴息等方式给予支持。对重点物流园区的重大物流项目、物流平台建设、物流技术创新、标准化示范应用等给予重点扶持。鼓励多式联运经营人申报国家多式联运示范工程，对入选的工程给予奖励；支持发展海铁联运，按核算年度完成海铁联运集装箱量进行奖励；鼓励白云国际机场开行"卡车航班"，对货运代理公司承揽白云国际机场的某些货物进行运费补贴。

二是投、融资方面。简化投、融资管理程序，建立完善高效的投、融资服务体系，鼓励和支持外资和民间资本参与物流园区建设。鼓励物流园区做强融资平台，通过银行贷款、股票上市、发行债券、增资扩股、吸引外资和民间投资等多种途径筹集建设资金，营造多渠道、多层次的投、融资环境。支持物流金融发展，支持物流园区及入驻企业与金融机构联合打造物流金融服务平台。各地适当放宽对物流园区投资强度和税收强度的要求，支持物流企业入驻园区。积极开展仓单质押、融资租赁、供应链金融、互联网金融等增值服务。

三是减税降费方面。切实落实国家和省支持物流园区发展有关的税收优惠政策。按照国家规定，进一步落实好物流园区无运输工具承运业务按照交通运输服务缴纳增值税政策，以及大宗商品仓储设施用地土地使用税减半征收等各类税收优惠政策。治理和规范物流园区行政事业收费和经营服务性收费，取消不合理收费项目。切实加大对运输领域"乱收费""乱罚款"的清理整顿力度。完善口岸目录清单制度，清单之外一律不得收费，引导推动口岸经营服务企业降低收费水平。继续执行免除广州港货物港务费中地方政府留存部分的政策，继续对进出南沙港区的国内和国际集装箱班轮引航费按国家规定收费标准上限下浮收取。

### 四、完善配套建设

一是提供用地保障。对全市规划的物流园区范围内的物流设施项目，优先纳入全市年度土地利用计划和供应计划并予以保障；对属于物流仓储用地的，鼓励通过弹性年期出让、先租后让、租让结合等多种方式供地；支持在符合规划、不改变用途的前提下，对提高自有工业用地或仓储用地利用率、容积率并用于甲级仓储、智能分拨转运等物流设施建设的，不再增收土地价款；支持在规模化物流园区集中建设、运营充电设施；建立物流用地弹性年期出让制度，积极推行"租让结合、先租后让"的用地供地制度；鼓励项目分期建设、分期供地；在符合规划和用途管制的情况下，鼓励物流企业租用国有土地和标准厂房，降低一次性支出成本；对国家级、省级示范物流园区新增建设用地，优先列入各地建设用地供应计划。

二是完善设施配套。铁路、交通运输部门要加强物流园区交通配套设施建设，支持开展铁路专用线、码头岸线和园区周边道路的建设和改造，进一步发挥物流园区的中转服务功能；支持物流园区配套建设信息平台、立体仓库等现代设施，提高园区智能化水平；鼓励企业依托相关高校及科研院所，共同开发新技术、新产品和新工艺；鼓励物流园区配套建设 LNG（液化天然气）加气站（点），以减少环境污染，降低物流运行成本；加强物流园区与海关协调，全面推进海关直通点建设，利用"一次申报、一次查验、一次放行"模式，实现海关区域通关一体化和检验检疫一体化，适应国际中转、国际采购、国际配送、国际转口贸易等业务的要求，提高通关效率。

三是加强人才保障。支持高等院校物流相关学科和"产学研"基地建设，推动物流园区、企业与科研单位开展多种形式的合作，建立校企合作的物流培训和实验基地；发展职业教育和继续教育，积极推进从业人员技能培训和在职培训，强化中高层管理人员的物流园区管理能力培养，形成多层次、多元化的人才培养体系，为加快物流园区发展提供有力的人才支撑；实施人才激励政策，着力引进熟悉物流园区建设与运营的管理人才和熟悉国际物流业务运作的高级人才，培养一批高水平、专业化的物流园区运营管理团队，为物流园区发展提供人才保障。

四是完善法律制度。应尽早出台物流园区自身发展、市场环境、交易运作等方面的相关法律，促使物流园区的健康、高效发展。

### 五、加强评估考核

一是强化标准制定和应用。按照适用性强、与国际接轨、填补空缺的要求，建立和完善物流园区标准体系。鼓励大专院校、科研院所、行业协会和物流企业参与物流园区标准的制定，对主导制定国际标准、国家标准、行业标准的，相关成果经标准化行政主管部门公布或备案后，分别给予奖励。加强《物流园区分类与基本要求》（GB/T21334—2017）、《物流园区服务规范及评估指标》（GB/T30334—2013）、《物流园区统计指标体系》（GB /T30337—2013）等标准的应用，提升管理和服务水平。鼓励入园企业采用标准化的物流设施和设备，提高运输、储存的自动化水平，规范物流作业，形成系统化、标准化管理。

二是做好物流园区的认定和识别工作。鉴于物流园区是层次最高的物流节点，对物流业发展具有战略性、基础性的作用且国家有特殊政策引导扶持，为避免物流园区的泛化和功能异化，建议完善物流园区规划体系，制定严格的物流园区认定标准，进一步明确身份和法律地位，确立相应的土地性质。研究制定物流园区综合服务评价指数和发展景气指数，强化对物流园区的跟踪评价并定期公布结果，形成园区间的良性发展机制。

三是完善监督评估，加强考核评价。加强对规划实施情况的跟踪分析和监督检查，听取社会各界、广大群众对规划实施的意见和建议，及时把握广州市物流业发展中出现的新情况、新问题，组织开展不同阶段规划执行情况的全面评估工作，进一步增强规划对物流业发展的指导性；加大绩效考核力度，加大对重点工程和拟建项目的协调落实及综合评价考核。制定具有针对性的物流园区评价体系，主要包括对评价的目的及内容进行明确，并对物流的相关评价指标进行确定，对评价准则、评价方法、单项评价、综合评价等各个方面进行制定与完善，从而使物流园区在不断的发展中更为规范化。

## 六、开展示范工程

选择一批发展条件好、带动作用大的物流园区，由省发展改革委、国土资源厅、住建厅会同相关部门和行业协会等组织开展省级示范物流园区评定工作，加快示范推广。

一是完善评选标准。按照"分类指导、特色示范"和"成熟一批、认定一批、提升一批"的原则，围绕货运枢纽、商贸服务、生产服务、口岸服务和综合服务五大重点领域，分类制定评选标准。省级示范物流园区主要从基础设施、规模水平、服务功能、管理方式等方面进行评定，指标主要涉及物流园区面积及物流运营面积占比、两种以上运输方式及物流企业数量、仓储面积运输能力及信息化程度、管理机构设置等。

二是注重示范与推广。在评定的基础上，鼓励园区选择一个或几个物流环节提升发展；突出园区特色，总结提炼促进园区发展的共性、特性经验并加以推广，使示范园区充分发挥行业标杆的引领作用；以点带面，促进全市物流园区科学、健康发展，并为申报省、国家级示范物流园区奠定基础。

三是加大扶持力度。对列入国家、省级示范的物流园区，有关部门可给予土地、资金等政策扶持。按企业所在地的就近原则支持符合条件的专业服务型、综合服务型物流企业创建物流服务品牌，对于入选全球物流50强、全国物流50强企业和5A级、4A级、3A级物流企业的给予奖励。积极支持符合条件的供应链创新和应用示范企业申报高新技术企业。

四是建立各类机制。加快制定出台省级物流园区示范工程的管理办法，明确示范评定条件、示范内容、示范领域、示范重点及相应的保障措施。同时，建立评估、考核、培育、退出、增补机制，实现动态管理、良性竞争。对示范物流园区实行动态管理，并定期进行考核，对考核优秀的，进一步加大政策支持力度，对两个以上年度考评结果较差的，取消"示范物流园区"称号。

# 参考文献

［1］国家发展和改革委员会经济贸易司，中国物流与采购联合系. 国家智能化仓储物流示范基地创新发展报告［M］. 北京：中国财富出版社，2018.

［2］王佑林. 试论当前物流产业园区投资开发与商业模式［J］. 财会学习，2016（17）：202.

［3］何黎明. 我国物流园区发展特点和趋势［J］. 物流技术与应用，2018（09）：74-75.

［4］王飞. 对物流园区管理模式研究［J］. 当代经济，2018（04）：102-103.

［5］陈志新，于文浩，万友凤，等. 我国物流园区发展困境与建立物流特区的设想探究［J］. 现代商业，2019（27）：10-11.

［6］魏际刚. 中国物流园区未来的发展之道［J］. 大陆桥视野，2019（05）：55-57.

［7］黄明田. 区域综合物流园区协同发展与提质增效对策研究——以湖州市为例［J］. 物流技术，2019，38（01）：31-35.

［8］马胜铭，沈文骥. "互联网＋"环境下物流园区商业模式创新研究——以玖隆钢铁物流园区为例［J］. 江苏商论，2019（08）：25-28.

［9］龚红，许长江. 平台型零担物流园区的服务，运营及盈利模式［J］. 齐齐哈尔大学学报（哲学社会科学版），2020（09）：77-79.

［10］王吉念. 论新时期物流产业园区投资开发模式 ［J］. 智库时代，2020，228（08）：51-52.

［11］周欲烈. 港口物流园区运营模式分析 ［J］. 中国储运，2021（03）：142-143.

［12］吴东景. 基于产业联动视角下的智慧物流园区规划布局研究 ［J］. 智能建筑与智慧城市，2018（11）：103-104.

［13］骆相阳，高天洋，杨鹏飞，等. 基于博弈论的物流园区及物流中心布局规划研究 ［J］. 汽车实用技术，2020，45（20）：232-234.

［14］耿立艳，胡瑞，张占福. 我国物流园区规划设计中存在的问题与对策 ［J］. 物流工程与管理，2020，42（11）：19-22.

［15］陈利民. 低碳经济理念下物流园区布局优化方法研究 ［J］. 环境科学与管理，2020，45（05）：54-58.

［16］张思奇，于登辉，张云凤，等. 物流园区布局算法研究综述 ［J］. 物流技术，2020，39（03）：20-24.

［17］姜旭. 物流园区规划研究进展与热点——基于 Citespace 的可视化分析 ［J］. 商业经济研究，2021（06）：103-106.

［18］邱小平，赖苗. 基于博弈论的物流园区开发模式 ［J］. 山东交通学院学报，2017（01）：45-50，68.

［19］华文浩，孙庆峰. 物流园区协同发展文献的元研究 ［J］. 中国储运，2017（05）：102-106.

［20］孙淑生，周会栋. 物流园区主体间的合作运营及收益分配设计 ［J］. 商业经济研究，2018（20）：80-82.

［21］邹小平. 基于价值链理论的"互联网+"物流园区运营模式创新研究 ［J］. 物流工程与管理，2016，38（08）：37-38，71.

［22］许道涛，周洪成. 物流园区互联互通的推进策略 ［J］. 物流技术与应用，2018，23（03）：142-144.

［23］陈彬麟，范莎莎，汪兰欣，等. "互联网+"背景下物流园区创新发展对策研究——以宁波市为例 ［J］. 中国市场，2019（10）：176-

178，182.

[24] 李迁，李金雷，吴萃芸. 物流园区互联互通智慧化管理平台建设研究 [J]. 物流技术，2019，38 (05)：13-16，38.

[25] 林春凉. 大数据时代智慧物流园区信息平台建设的有效路径 [J]. 现代营销（下旬刊），2019 (12)：259-260.

[26] 余浩宇. 航空物流产业集群下智慧物流园区设计 [J]. 合作经济与科技，2020，645 (22)：128-129.

[27] 肖光伟. 基于物联网技术的智慧物流园区研究 [J]. 物流技术与应用，2021 (02)：104-106.

[28] 程红梅. "互联网+" 多式联运物流园区发展策略探讨 [J]. 铁道经济研究，2017 (06)：22-25.

[29] 侯道健. "互联网+" 时代物流园区的战略规划与运营 [J]. 商业经济研究，2017 (20)：97-99.

[30] 王利芳. "互联网+" 背景下物流园区发展与创新研究 [J]. 物流技术，2018，37 (10)：31-36.

[31] 许皓，王叶青，杨荣璐，等. "物流园区+" 发展模式研究 [J]. 物流工程与管理，2020 (07)：21-23.

[32] 梁喜，刘怀英. 国外多式联运型物流园区发展对我国的经验借鉴与启示 [J]. 物流科技，2021 (03)：86-88.

[33] 潘东坤. 基于循环经济的绿色物流园区发展规划研究 [J]. 物流工程与管理，2021 (01)：27-29.

[34] 李绍波. 园区将由单一的物流运作平台向整合供应链相关环节延伸 [J]. 中国储运，2021 (02)：44-45.

[35] 王艳，张喆. 我国中心城市物流园区发展现状与功能初探 [J]. 中国水运，2008 (09)：87-88.

[36] 王青燕. 北京市物流园区发展优势研究 [J]. 中国储运，2019，221 (02)：97-100.

[37] 王成林，王文洁，吴雪莲，等. 北京市京北智慧物流园区建设

思考 [J]. 物流工程与管理, 2020 (02): 19-20.

[38] 徐北静, 李燕, 管力. 首都物流园区的智慧化建设探索 [J]. 城乡建设, 2020 (18): 62-64.

[39] 邹艳, 王丰, 吴江, 等. 重庆市物流园区发展现状及对策探析 [J]. 中国储运, 2016 (08). 110-111.

[40] 姚懿. 论建设重庆西部现代物流园的意义及创新启示 [J]. 中国国际财经, 2017 (01): 196-198.

[41] 谭蓉, 翟虎林. 广州保税物流园区运营中存在的问题及对策研究 [J]. 农村经济与科技, 2017, 28 (16): 74-75.

[42] 赵卉. 浅谈郑州在国际物流园发展中的保障措施 [J]. 现代经济信息, 2015 (01): 491-492.

[43] 苏平, 刘伟. 上海庙综合物流园区项目可行性研究 [J]. 全国流通经济, 2019 (03): 19-21.

[44] 孙璨, 梁沁, 王姝婷. 京东仓储智能化体系调查研究——以上海 "亚洲一号" 仓库为例 [J], 中国物流与采购, 2017 (18): 70-71.

[45] 王凌峰. 日本物流园给我国发展物流园的启示 [J]. 物流技术与应用 (货运车辆), 2012 (02): 56-58.

[46] 孟琪. 浅析美国物流业发展状况对我国的启示 [J]. 中外企业家, 2019 (02): 43-44.

[47] 赵婉华. 我国物流园区的国际经验借鉴及发展对策 [J]. 商业经济研究, 2016 (12): 94-95.

[48] 李冰漪. 京东机器人: 让物流更高效——专访京东物流首席规划师、无人仓项目负责人章根云京东集团 X 事业部无人仓数据智能部负责人秦恒乐 [J]. 中国储运, 2018 (05): 48-49.

[49] 马娟. 广州南沙自贸区对物流业的影响 [J]. 电子商务, 2016 (05): 11-12.

[50] 陈丽华, 刘忠铁. "流通业变革与物流园区创新" 系列连载⑤中国物流园区发展机遇前瞻 [J]. 物流技术与应用, 2012, 17 (10): 146

−148.

[51] 汪鸣. 国家三大战略与物流业发展机遇 [J]. 中国流通经济, 2015 (07)：11−15.

[52] 丁佳良. 物流园区企业竞合的协同进化模型与仿真研究 [D]. 南昌：江西财经大学, 2019.

[53] 廖源铭. "互联网+" 战略下物流园区赢利模式研究 [D]. 南京：东南大学. 2018.

[54] 刘学明. 中心城市综合物流园区开发模式及融资问题研究 [D]. 北京：中国科学院大学, 2013.

[55] 黄修贤. "环首都一小时鲜活农产品流通圈" 物流园区布局研究 [D]. 北京：北京交通大学, 2017.

[56] 钟锐莉. 重庆西部物流园基于自由贸易园区条件下的功能定位及其政策措施研究 [D]. 重庆：重庆大学, 2017.

[57] 谯智毓. 重庆东盟国际物流园建设规划研究 [D]. 重庆：重庆交通大学, 2018.

[58] 王晔. 天津翰吉斯国际农产品物流园发展战略研究 [D]. 天津：天津商业大学, 2019.

[59] 唐婉. 武汉高桥物流园联动发展模式研究 [D]. 武汉：华中科技大学, 2010.

[60] 周映筱. "一带一路" 下物流园区选址研究 [D]. 北京：北京交通大学, 2016.

[61] 辛允. 德国物流园发展经验启示录 [N]. 中国冶金报, 2013−04−02.

[62] 王荣. 京东首个 "亚洲一号" 物流中心投入使用 [EB/OL]. 中证网, 2014−10−21.